Des Menschen Seele
gleicht dem Wasser:
Vom Himmel kommt es,
zum Himmel steigt es,
und wieder nieder
zur Erde muss es,
ewig wechselnd.

Johann Wolfgang von Goethe
Auszug aus »Gesang der Geister über dem Wasser«

Über die Autorin

Jasmin Schober-Howorka ist ausgebildete Lebens- und Sozialberaterin für systemische Familienberatung und Lehrtrainerin für „Integrative Familienaufstellung". Sie arbeitet seit über 20 Jahren in Gruppen - Einzel und Fernarbeit im Bereich der Persönlichkeitsbildung und Selbsterfahrung. Durch Ihre neu entwickelten Methoden und Lösungssätze hat sie eine erweiterte Form der Familienaufstellung begründet, die „Integrative Familienaufsellung" nach J. Schober-Howorka(r). Diese Aufstellungsform bewegt sich über die Arbeit mit den Ahnen hinaus. Sie integriert auch die Lösung von Verstrickungen aus früheren Leben, die Heilung von Kindheitsverletzungen und die Auflösung von negativen Glaubenssätzen aus diesem und aus früheren Leben.

Originalausgabe

Alle Rechte vorbehalten
ISBN: 9783752834444
Copyright © 2018 Eigenverlag

Erste Ausgabe 2006 Familienaufstellung und frühere Leben
© 2007,2016 Schirner Verlag, Darmstadt
6. überarbeitete und mit neuem Titel versehene Auflage April 2016
Familienstellen und karmische Verstrickungen
Copyright © 2018 Eigenverlag
Familenstellen und karmische Verstrickungen

Umschlag: Schirner Verlag
Layout: Schirner Verlag
Mandalas: Frau Agathe Petignat, www.mandalas.ch
Lektorat: Schirner Verlag

Printed by.:Herstellung und Verlag:
BoD – Books on Demand, Norderstedt

www.ich-bin.com

Jasmin Schober-Howorka

FAMILIENSTELLEN
UND KARMISCHE VERSTRICKUNGEN

Alte Seelenverträge, negative Glaubenssätze
und ursächliche Blockaden lösen

Integrative Familienaufstellung
nach J. Schober-Howorka®

INHALT

DANKSAGUNG

Ich möchte mich bei meinen Eltern bedanken, die ich sehr liebe. Sie haben mir all jene Erfahrungen ermöglicht, die mich auf meinen individuellen Weg geführt haben. Durch die langjährige Aufarbeitung meiner persönlichen Probleme habe ich die Fähigkeit entwickelt, mich in andere hineinzufühlen und zu helfen. Ein großer Dank gilt meinem Mann Robert, der mir als Coach, Lektor und als treibende Kraft beim Schreiben dieses Buches zur Seite stand.

Besonders bedanke ich mich bei meinen Klientinnen und Klienten, die mir ihre Erlaubnis erteilt haben, ihre Fallgeschichten in meinem Buch abzudrucken. Ohne sie wäre dieses Buch nicht zustande gekommen! Ich danke auch Familie Schirner und dem Verlagsteam für ihr Vertrauen und ihre Unterstützung meiner Arbeit!

EINLEITUNG

Selbstliebe oder Selbstbestrafung

Dieses Buch ist eine überarbeitete Neuauflage meines Buches »Familienaufstellung und frühere Leben«. Es beinhaltet die neuesten Erkenntnisse und Erfahrungen aus meiner Praxis, Verstrickungen und Belastungen sowohl aus diesem als auch aus früheren Inkarnationen noch effizienter zu heilen. Ich habe neue Kapitel hinzugefügt, bestehende erweitert und durch neue, interessante Fälle ergänzt. Durch meine Arbeit ist mir in den letzten Jahren immer klarer geworden, dass es grundsätzlich zwei Tendenzen in unserem Leben gibt: dass wir uns entweder lieben oder bestrafen. Wenn wir uns ein schönes, erfülltes Leben kreieren, so ist das ein Ausdruck unserer Selbstliebe. Wenn wir aber immer wieder Leid, Krankheit, schlimme Schicksalsschläge zu erleiden oder einfach nur »Pech« im Leben haben, dann kann dies ein Zeichen dafür sein, dass wir uns selbst sabotieren oder für etwas bestrafen wollen. Ich selbst bin zu der Erkenntnis gelangt, dass ich mich lange genug bestraft habe! Ich habe mich irgendwann bewusst für die Selbstliebe entschieden und befreie mich nun täglich von allen Umständen, die meine Lebensfreude und Kreativität beeinträchtigen.

Wenn wir die Ursachen unserer »Strafprogramme« wie z. B. Krankheit, unerfüllte Liebe, Konflikte mit den Eltern oder unseren Kindern, Erfolgslosigkeit, Geldmangel u. a. m. erkennen, so können wir dagegensteuern, indem wir durch Eigenverantwortung, Vergebungsrituale und konstruktiven Schuldausgleich irgendwann Selbstbestrafungstendenzen in bedingungslose Selbstliebe umwandeln. Denn niemand profitiert davon, wenn wir leiden! Weder die Opfer, denen wir irgendwann in früheren Leben Leid angetan haben, noch unser jetziges Umfeld und schon gar nicht wir selbst! Durch Leiden und Sühnen in den Himmel zu kommen, ist ein veraltetes Glaubensmodell. Wenn wir aus unseren Fehlern geläutert auferstehen und anderen in ihrer Not helfen, bringt das unser karmisches Schuldenkonto automatisch in die positiven Zahlen – und es macht auch viel mehr Freude! Davon können alle Beteiligten profitieren.

Ich lade Sie ein, sich ebenfalls für den Weg der Selbstliebe zu entscheiden und diesen mit mir gemeinsam zu gehen. Bitte lesen Sie dieses Buch mit den Augen Ihrer Seele, denn diese versteht mehr, als der Verstand zu erfassen vermag. Ich wünsche Ihnen dabei viele hilfreiche Erkenntnisse.

A Polymat

Das Wahre ist das Ganze.
Das Ganze aber ist nur das durch seine Entwicklung
sich vollendende Wesen.

Georg Wilhelm Friedrich Hegel,
Die Phänomenologie des Geistes

INTEGRATIVE FAMILIENAUFSTELLUNG

»Entlassen werden wir vollendet«
Buchtitel von Bert Hellinger

Was ist »Integrative Familienaufstellung«?

Wir sind alle unterwegs, unser wahres Selbst zu finden! Dieser Weg führt uns aus der Dualität, in der alles getrennt zu sein scheint, zurück in die Einheit. Dort sind wir wieder mit allem verbunden, heil und ganz. Auf diesem Weg sammeln wir all das ein, dem wir bisher keinen Einlass in unser Herz gewähren konnten, wir integrieren es. Meist sind es Schattenanteile, die uns Angst machen und die wir lieber auf andere projizieren, als uns selbst damit zu identifizieren oder gar auseinanderzusetzen. Viele Wege sind in der Familienaufstellung schon gegangen worden. Die von mir begründete »Integrative Familienaufstellung nach J. Schober-Howorka®« ist eine erweiterte Form der Aufstellungsarbeit, die sich dadurch entwickeln konnte, dass sich unser Bewusstsein erweitert hat. Bis vor Kurzem waren es noch die Ahnen, mit denen wir uns in der Aufstellung intensiv auseinandergesetzt haben, um uns aus Identifizierungen und Verstrickungen zu lösen. In meiner neuen Methode der Aufstellungsarbeit kommen vermehrt die Bilder aus früheren Leben dazu, mit deren Hilfe ursächliche Blockaden, die bis in unser jetziges Leben hineinwirken, gelöst werden. Auch die Heilung von Verletzungen aus der Kindheit wird in diese Arbeit mit einbezogen, damit wir in unsere

Selbstliebe gelangen, unseren Eltern und unserem Partner einen guten Platz in unserem Herzen geben können und die Liebe in unserem Leben gelingen kann. Übernommene negative Glaubenssätze, die sowohl aus diesem als auch aus früheren Leben stammen können, werden gelöst und somit ein positives Selbstbild verankert.

> »Integrative Familienaufstellung« ist
> das Umarmen dessen, was wir brauchen,
> um zu einem ganzheitlichen Lösungsbild
> zu gelangen.

Wir befinden uns in einer schnelllebigen Ära, die ständig neue und bessere Methoden hervorbringt, die uns dabei helfen sollen, uns weiterzuentwickeln. Die klassischen Aufstellungsmodelle von Virginia Satir (Familientherapeutin) und Bert Hellinger (Psychologe und Theologe) bilden aus meiner Sicht eine wunderbare Basis, aus der heraus man Ordnung und System in ein Familiensystem bringen kann. Ich bin beiden zutiefst dankbar für diese Konzepte und freue mich, sie mit meinen neu entwickelten Methoden bereichern zu dürfen. Während früher das systemisch logische Beratungsmodell noch ausgereicht hat, ist es heute mehr und mehr erforderlich, auch das weiblich-intuitive Denken, das in unserer rechten Gehirnhälfte abläuft, zu integrieren. Dieser inneren Wahrnehmung sollten wir wieder mehr Beachtung schenken, auch wenn wir sie – bzw. die Erkenntnisse, die uns dank ihrer zuteilwerden – verstandesmäßig nicht immer erklären können.

Im Aufstellungsprozess zeigt sich mir eine Fülle innerer Bilder. Ich habe gelernt, diesen Bildern zu vertrauen, und sie haben mich immer zur Lösung geführt. Mit logischem Denken allein hätte ich das niemals geschafft. Insbesondere bei Fernaufstellungen bin ich auf meine inneren Bilder angewiesen, wenn ich mir ein optimales, umfassendes Gesamtbild verschaffen möchte. Noch vor ein paar Jahren hätte ich das Aufstellen ohne die persönliche Anwesenheit meiner Klientinnen oder Klienten nicht für möglich gehalten. Heute ist es völlig selbstverständlich für mich. Möge sich die Aufstellungsarbeit immer ganzheitlicher weiterentwickeln und uns noch viele Türen zu unserer Selbstheilung öffnen.

FRÜHERE LEBEN

Die Auseinandersetzung mit früheren Leben

Der Glaube an Wiedergeburt bzw. frühere Leben, wie er in verschiedenen Religionen wie zum Beispiel dem Buddhismus oder Hinduismus gelehrt wird, hat sich in den letzten Jahrzehnten auch in unserem westlichen Kulturkreis verbreitet. Sehr viele Menschen glauben daran, früher schon einmal gelebt zu haben. Ich persönlich war sofort davon überzeugt, als ich das erste Mal davon erfahren habe. Dennoch war ich nicht sonderlich daran interessiert, wer und was ich einmal gewesen sein könnte. Ich dachte, es würde mich von meinem jetzigen Dasein zu sehr ablenken. Im Rahmen von eigenen Heilsitzungen erfuhr ich Einzelheiten aus meinen bisherigen Leben, die ursächlich mit meinem heutigen in Verbindung stehen. Ich war sehr beeindruckt von den Beschreibungen, weil sich einiges davon in meinem jetzigen Leben wiederholt hatte.

Es half mir zu verstehen, welche Themen ich noch nicht abgeschlossen und deshalb in dieses Leben mitgebracht habe. Eine einzelne Inkarnation für sich zu betrachten, ergibt oft wenig Einsicht. Wenn man tatsächlich nur dieses eine, jetzige Leben analysiert, könnte man meinen, für die einen sei das Leben nun einmal ungerecht, während die anderen das Glück gepachtet haben. Wenn man das jetzige Dasein im Zusammenhang mit den verschiedenen früheren Leben betrachtet, ergibt sich in der Summe ein Puzzle, das erklärt, wie es zum »Glück« oder »Unglück« in diesem Leben gekommen ist bzw., dass »am Ende« immer eine ausgleichende Gerechtigkeit steht.

Beispiel:

Isabella M. identifiziert sich mit den Gefühlen ihrer Großmutter, die im Zweiten Weltkrieg von drei feindlichen Soldaten vergewaltigt wurde. Sie trägt deren Gefühl der Machtlosigkeit, der Scham und das Wissen, missbraucht worden zu sein. Sie spürt unbewusst die Bedrohung durch die Männer, die ihre Großmutter erfahren hat. Beim Aufstellen und Austesten zeigt sich, dass Isabella selbst einer dieser Soldaten war, der ihre Oma damals vergewaltigt hat. Hier ist ein Schuldausgleich zu erkennen (Näheres siehe Fall Nr. 14 b, Die männliche Bedrohung – Der Täter und das Opfer).

Sehr oft erlebe ich bei der Aufstellung der Ursprungsfamilie von Frauen, die mit Opferthemen ihrer Ahninnen verstrickt sind, dass diese selbst die damaligen Täter waren.

Genaue Daten aus früheren Leben

Es zeigen sich mir meist nur jene Bilder aus einem früheren Leben, die im Zusammenhang mit dem jetzigen Leben stehen. Jahreszahlen, Orte und Namen spielen dabei keine Rolle. Es könnte den Klienten von seinem eigentlichen Thema ablenken, genau erfahren zu wollen, wer er oder sie war und an welchem Ort und zu welcher Zeit dieses Leben stattgefunden hat. Manchmal teste ich auf Wunsch Jahreszahlen aus, aber meist ist es ausreichend, nur die notwendigen Bilder zu erkennen, die zu einer Lösung führen. Wer sich für genauere Details aus seinen früheren Leben interessiert, kann dann noch, als Ergänzung, einen Rückführungstherapeuten aufsuchen.

KARMA

Was versteht man unter den Begriffen »Schuld« und »Karma«?

Im Allgemeinen bezeichnet man das Gesetz von Ursache und Wirkung als Karma. Auch wenn im Zusammenhang mit »Karma« oft von »Schuld« die Rede ist, so handelt es sich vielmehr um eine Gesetzmäßigkeit und weniger um eine Art der moralischen Beurteilung oder gar Bestrafung eines Individuums durch Gott. In der Karma-Lehre geht es nicht um göttliche Gnade oder Strafe. Das Leben ist ein Bumerang: Es wirft alles auf den Akteur selbst zurück – oder wie es eine andere Formulierung vereinfacht ausdrückt: »Was du säst, das wirst du auch ernten.« Jede unserer Handlungen, sowohl physisch als auch geistig, zieht eine Konsequenz nach sich, die sich nicht unbedingt im gegenwärtigen Leben, sondern auch erst in einem zukünftigen Leben auswirken kann. Es gibt aber auch so etwas wie »Instant Karma« (sofort wirksames Karma). Wir kennen es alle aus unserer Kindheit, wenn wir für etwas, das wir angestellt hatten, sofort bestraft wurden. Auch bei einem Erwachsenen können Schuldgefühle anderen gegenüber relativ zeitnah zu einer unbewussten Selbstbestrafung führen. Ein Beispiel: Sie fühlen sich Ihrem Partner gegenüber schuldig, ihn beleidigt oder gekränkt zu haben, und kurze Zeit später stoßen Sie sich schmerzhaft Ihr Knie. Größere Vergehen oder gar Gesetzes-Übertretungen werden mit Geldstrafen oder Freiheitsentzug abgebüßt. Das nennt man »Instant Karma«.

Wir tragen aus verschiedenen Leben einen Erinnerungsspeicher in uns, in dem positive und negative Erfahrungen angesammelt sind. Einmal waren wir die Guten und in einem anderen Leben die Bösen, beides gehört zum Lernprozess, dass auf dieser Erde Polarität herrscht. Wenn Karma mit Schuld in Verbindung gebracht wird, dann glauben wir, dass es noch etwas gutzumachen gilt. Ich bin allerdings der Meinung, dass es in Wahrheit keine Schuld gibt, sondern lediglich selbst gewählte Lernerfahrungen. Es gibt ein Gewissen in uns, das sich »rührt«, wenn wir anderen Menschen etwas angetan haben, und in uns den Drang nach Ausgleich und Wiedergutmachung entstehen lässt. Wenn ich in meinen Lösungssätzen von Schuldbefreiung spreche, dann deshalb, weil das Schuldbewusstsein in den meisten Menschen noch sehr tief verankert ist und ich daran ankoppeln muss, um es in Richtung Heilung zu führen. Bei genauerer Betrachtung kann man aber erkennen, dass allen Erfahrungen, die wir entweder als Täter oder als Opfer machen, eine Zustimmung vorausgegangen ist. Man nennt das die Seelenverträge, die bereits vor unserer Inkarnation vereinbart wurden (siehe Kapitel »Seelenverträge«). Somit passiert in unserem Leben letztlich nichts Unfreiwilliges.

Das Karmakonto

Wenn wir uns ein Konto, also eine Liste mit einer »Soll«- und einer »Haben«-Seite vorstellen, dann werden darin alle guten Taten unserer Leben auf der Plusseite verbucht, alle schlechten Taten auf der Minusseite. Mit diesem Bild können wir uns gut vor Augen führen, dass wir immer wieder die Chance haben, negatives Karma mit positivem Wirken auszugleichen.

Karma als Opferrolle durch Schuld und Sühne

Wenn man einmal die Erfahrung gemacht hat, Täter zu sein, beinhaltet dies auch die Konsequenz, die der anderen Seite, also der Opferrolle, erfahren zu müssen. Deshalb werden frühere Täter zu späteren Opfern, egal, ob im gleichen oder einem späteren Leben. Sehr oft erlebe ich in meinen Aufstellungen, dass ein ehemaliger Täter als Schuldausgleich bei seinem damaligen Opfer selbst zum Opfer wird und sich auch dadurch bestraft, dass er dessen Gefühle auf sich nimmt (siehe Fall Nr. 16, Die Eifersucht meiner Schwester – Das ungleiche Erbe).

Karmaausgleich durch positive Handlungen

Es gibt aber noch einen anderen Weg, »alte« Schuld auszugleichen. Im Grunde hat niemand etwas davon, wenn wir uns unbewusst selbst quälen und bestrafen, das hilft den Opfern auch nicht mehr. Grundsätzlich ist es wichtig und sinnvoll, beide Seiten, die des Opfer- und die des Täter-Seins, zu erfahren, um dadurch eine Läuterung und ein tieferes Verständnis für das eigene Handeln zu entwickeln. Wenn man seine Schuld bewusst wahrgenommen hat, ist es sinnvoller und gesünder, anstatt zu leiden und sich selbst zu bestrafen, jene negative Handlung durch eine entsprechende positive auszugleichen, welche allen Lebewesen zugutekommt. Ob dies nun Geldspenden, Sozialarbeit oder andere Dienste sind, ist nicht entscheidend. Jeder weiß selbst, welchen Beitrag er leisten kann. Es gibt nicht nur dem eigenen Leben mehr Sinn, sondern auch dem anderer! (Siehe Beispiel Fall Nr. 1, »Ich habe Angst vor meinen Kunden« – Der Schuld- und Sühneausgleich.)

> Im karmischen Schuldausgleich wird
> das Prinzip von Ursache und Wirkung
> oder das Streben nach Ausgleich
> und Wiedergutmachung klar sichtbar.

Karma in der Herkunftsfamilie

Wir müssen gar nicht unbedingt bis in frühere Leben zurückblicken. Denn in allen Ursprungsfamilien gibt es einen unbewussten Kodex, dass das Unrecht der Ahnen von den Nachgeborenen gesühnt wird. So wird dann ein schlimmes Schicksal beschworen, wie es schon sinngemäß in der Bibel steht: »Ihr tragt die Sünden eurer Väter bis zur siebten Generation.« Ich kann dies aus der Erfahrung aus meinem Arbeitsalltag nur bestätigen.

Beispiel:
Wenn die Verlobte des Großvaters von dessen Eltern verstoßen wurde, weil sie dem gesellschaftlichen Rang der Familie nicht entsprochen hat, so war diese Beziehung zum Scheitern verurteilt. Viele Jahre später werden ein oder gar mehrere Nachkommen aus verschiedenen Generationen ein ähnliches Schicksal erfahren und sich aus Solidarität mit dem Großvater nicht erlauben, eine gelungene Liebe zu leben. Erst wenn die damalige Verlobte des Großvaters wieder geehrt und geachtet wird und einen guten Platz im Familiensystem erhält, kommt es zu einer Erlösung und die Liebe darf wieder fließen.

Karma aus früheren Leben

Wir bringen jene Themen, die wir aufarbeiten und heilen wollen, aus früheren Leben in dieses Leben mit. Dazu haben wir Seelenverträge mit verschiedenen Personen geschlossen, um bestimmte Lernerfahrungen mit ihnen machen zu dürfen. Bei Partnerschaften kommt dem Begriff »Karma« eine besondere Bedeutung zu. Haben Sie sich nicht auch schon manchmal gewundert, warum sich ein liebenswürdiger Mann eine sehr unsympathische Frau gesucht hat? Oder diese nette Frau einen absoluten Macho zum Mann hatte? Denken Sie in solchen

Fällen nicht auch, dass das wirklich ungerecht ist, die hätten etwas Besseres verdient?

> Unser Leben ist kein Strafprogramm,
> das andere uns auferlegen!
> Wir selbst haben uns
> dieses Schicksal gewählt.
> Wir selbst stehen als Drehbuchautoren
> auch hinter den schwersten Erfahrungen
> unseres Lebens.

Die Eltern als Spiegel unserer karmischen Herkunft

Wenn wir in der klassischen Familienaufstellung davon sprechen, dass wir »wie unsere Eltern« sind, sowohl ihre positiven als auch die negativen Anlagen in uns tragen, so zeigt sich darin auch unsere karmische Herkunft. Sowohl in unseren Eltern als auch in unseren weiblichen und männlichen Ahnenreihen spiegeln sich jene Rollenbilder unseres Frau- und Mannseins, die wir bereits aus mehreren Inkarnationen kennen und in dieses Leben mitgebracht haben. Alle Aspekte, die uns im Spiegel unserer Ursprungsfamilie stören – wie Opferhaltung, Schwäche, Ängstlichkeit, Hypochondrie, Suchtverhalten, Gewalt, Eifersucht, Neid, Gier, Missbrauch, Erfolglosigkeit u. a. m. – sind Schattenanteile von uns, die wir aus eigenen früheren Inkarnationen kennen. Diese werden uns in diesem Leben noch einmal durch unsere Verwandten und Mitmenschen gespiegelt, damit wir versuchen, uns mehr und mehr mit ihnen auszusöhnen und sie zu integrieren.

Die Mutter spiegelt uns den Aspekt der inneren Frau in uns und der Vater macht uns den Anteil des inneren Mannes sichtbar

Gegen negative Anteile, die uns unsere Eltern spiegeln, anzukämpfen, diese zu verachten und zu verurteilen, bringt uns in unserer Entwicklung nicht weiter. Wir projizieren unsere Schattenanteile dann auf andere Menschen und glauben, selbst die besseren, anständigeren und moralischeren Menschen zu sein. Ich bin in Ordnung, aber du nicht!

Beispiel:

Anne schaut ihre Eltern an. In der Mutter sieht sie eine Frau, die sich vom Vater dominieren lässt. Sie wirkt auf die Tochter unterwürfig und dienend und wie jemand, der sein eigenes Leben nicht verwirklicht hat. Der Vater bestimmt, was in der Familie passiert, und alle haben Angst, ihm zu widersprechen. Er war immer schon jähzornig, wenn es nicht nach seinem Kopf ging.

Anne lehnt die Opferrolle der Mutter ab, sie will auf keinen Fall wie ihre Mutter werden! Sie möchte ihre eigenen Entscheidungen treffen und ein selbstbestimmtes Leben führen. Außerdem will sie sich beruflich und privat ihren Anlagen gemäß verwirklichen!

Ihrem Vater gegenüber hat sie Gefühle der Wut. Sie fühlt sich oft machtlos ihm gegenüber und hat es schwer, sich seinen Vorstellungen, die er von ihrem Leben hat, zu widersetzen. So einen Mann wie ihren Vater, der sie unterdrückt, will sie in ihrem Leben auf keinen Fall haben!

Anne sagt sich innerlich: »Lieber Mama, lieber Papa: So wie Ihr werde ich nie!«

Was sagt die Mutter über Annes karmische Herkunft aus?

Die Mutter zeigt Anne die Verhaltensmuster ihrer Inneren Frau auf. Sie lässt darauf schließen, dass Anne in vielen früheren Leben selbst die Rolle der unterdrückten Frau gelebt hat – weshalb sie im Spiegel der Mutter diese Opferrolle ablehnt. Sie ist noch nicht ausgesöhnt mit dem Anteil der fremdbestimmten, dienenden Frau in sich. Da gibt es noch viel alte Wut auf die Männer (u. a. den Vater) und deren Dominanz. Es müssen damit verbundene Versprechungen gelöst werden wie z. B.: »Nie wieder will ich Frau sein«, oder »Nie wieder werde ich mich den Männern unterwerfen!«

Anne spaltet sich unbewusst von ihrer weiblichen Seite ab und lebt im Moment noch aus ihrer männlichen Seite heraus, denn diese erscheint ihr sicherer und selbstbestimmter. Im Vergleich zur Mutter bzw. der weiblichen Ahnenlinie empfindet sie sich als viel emanzipierter und selbstbestimmter. Die weiblichen Ahninnen verachtet sie regelrecht für deren Opferdasein, Anne fehlt das Verständnis für das Schicksal dieser Frauen.

Wie wird Annes Leben verlaufen, wenn sie die Opferrolle ihrer weiblichen Ahninnen weiterhin ablehnt?

Es ist sehr leicht prognostizierbar, dass Anne früher oder später von ihrer Opferrolle eingeholt wird. Irgendwann wird auch sie einen Mann kennenlernen, der ihrem Vater ähnelt und von dem sie sich unterdrückt fühlen wird. Denn genau wie ihre weiblichen Ahninnen hat sie unbewusst ihre Selbstbestimmung und Macht über ihr Leben, wahrscheinlich auch ihre Selbstachtung und ihren Eigenwert als Frau, an ihren Vater und damit an alle Männer geopfert.

Das ist ihr aber nicht bewusst, denn noch lebt sie aus ihrer männlichen Seite heraus und vermeidet es, wirklich Frau zu sein! Mit höchster Wahrscheinlichkeit trägt sie aus ihren eigenen früheren Leben eine gewisse Selbstverachtung gegenüber ihrer Opferrolle als Frau in sich, welche sie auf ihre Mutter und ihre Ahninnen projiziert.

Die Heilung der Opferrolle des Weiblichen

Erst wenn Anne im Spiegel ihrer Mutter ihre eigenen Anteile erkennt, kann sie sich mit ihnen aussöhnen und die Opferrolle bewusst hinter sich lassen. Dies geschieht, indem sie sich einige ihrer früheren Leben anschaut und erkennt, dass sie mit ihrer eigenen Vergangenheit hadert! Über den Spiegel ihrer Ahninnen werden diese ungeliebten Erfahrungen sichtbar gemacht.

Anne muss sich eigenverantwortlich und durch Selbstvergebung mit ihrer eigenen Opferrolle aussöhnen – wodurch sich dann die Selbstverachtung löst. Dann wird es ihr zudem möglich sein, ihre Ahninnen in deren Schicksal zu ehren und zu achten, weil sie nun eine von ihnen ist, Verständnis und Mitgefühl für sie hat.

Anne kann dann alle Anteile zurücknehmen, die sie einst, wie ihre Ahninnen, an die Männer in ihrem Leben geopfert hat. Damit befreit sie sich aus der Rolle des Opfers und kann den Männern gegenüber in ein gleichwertiges Machtverhältnis, in eine gesunde Selbstachtung und ein selbstbestimmtes Leben kommen. An diesem Punkt ist es Anne dann auch möglich, die Mutter in ihr Herz zu nehmen und ihr eigenes Frausein in einer neuen, weiblichen und dennoch eigenverantwortlichen Rolle zu leben.

Was sagt der Vater über Annes karmische Herkunft aus?
Der Vater spiegelt Anne ihre männlichen Anteile. Alles, was sie bei ihm ablehnt, lässt auf ungeliebte Schattenanteile schließen, die sie selbst in mehreren früheren Leben als Mann gelebt hat. Es ist also davon auszugehen, dass sie selbst, wie ihr Vater, ein dominanter Mann war, der die Frauen unterdrückt und der Fremdbestimmung ausgeliefert hat. Um sich mit ihrem Vater auszusöhnen, muss Anne ihre eigenen Inkarnationen anschauen, in denen sie ähnliche männliche Rollen gelebt hat, die ihr nun von ihrem Vater gespiegelt werden. Sie muss diese in die Eigenverantwortung nehmen und durch Selbstvergebung in Heilung bringen. Das sind tief greifende Prozesse, die Heilung Schicht für Schicht in kleinen Schritten zu vollziehen.

Ausstieg aus der Opferrolle durch Integration des Täteranteils

Nach karmischem Gesetz musste Anne, da sie einst die Rolle des dominanten Täters hatte, auch die des unterdrückten weiblichen Opfers erfahren. Man muss immer beide Seiten leben, wer einst A sagte, muss auch irgendwann einmal B sagen. Die Anzahl unserer Täter- und Opferrollen aus Tausenden von Inkarnationen halten sich meist die Waage. Zum Ausstieg aus der weiblichen Opferrolle ist es wichtig, den »Mann in sich« zu integrieren, da es sonst immer wieder zu Projektionen kommt. Annes Wut auf den Vater und »die Männer« an sich wird sich nicht lösen, wenn sie sich im Spiegel ihres Vaters nicht selbst erkennt und sich verzeiht, was sie den Frauen in ihrem Leben als Mann einst angetan hat.

PARTNERSCHAFT UND FRÜHERE LEBEN

Viele Menschen, die für uns eine wichtige Rolle spielen – seien es Kollegen, Freunde, Verwandte oder Partner – treffen wir in diesem Leben nicht zum ersten Mal. Sie kennen sicherlich die Erfahrung, dass Ihnen ein Fremder, den Sie gerade erst kennengelernt haben, sofort vertraut ist, als ob Sie ihn schon ewig kennen würden. Sehr oft hatten wir schon mehrere Leben miteinander, die keineswegs nur positiv und harmonisch gewesen sind. Man geht davon aus, dass sich Seelen, die einander sehr verbunden sind, für besonders schwere Lernerfahrungen zur Verfügung stellen. Die meisten von uns haben ihrem jetzigen Partner schon schlimme Dinge angetan, was die Beziehung bis heute belasten kann. Wenn von karmischen Beziehungen gesprochen wird, meint man jene Partnerschaften, die unausweichlich scheinen. Man wird den anderen also nicht los, solange man seine vereinbarte Lektion nicht beendet hat. In solchen Beziehungen bedeutet der Begriff »karmisch«, dass die Möglichkeit geboten wird, negative Ursachen aus früheren Leben auszugleichen: Der einer muss beim anderen diesmal etwas gutmachen.

Beispiel:

Eine Klientin erzählt mir, dass ihr Mann plötzlich auf die unsinnige Idee gekommen sei, sie wolle ihn vergiften. Voll Furcht kontrolliere er das Geschirr, bevor er daraus isst oder trinkt. In der Aufstellung zeigt sich, dass sie ihn in einem früheren Leben vergiftet hat, um ihn zu beerben. Sein Misstrauen basiert daher auf einer unbewussten Erinnerung, die alte Ängste in ihm hervorruft. Seine Frau ist mit den Nerven schon am Ende, weil er von seinen Verdächtigungen nicht ablässt. Sie traut sich nicht, ihn zu verlassen, weil er sehr krank ist und ihre pflegerische Hilfe braucht. Es wird offensichtlich, dass sie durch ihre Pflege das alte Karma ausgleichen soll.

Eine karmische Beziehung kann sich demnach so auswirken, dass jemand von seinem Partner sehr schlecht behandelt wird, aber dennoch nicht in der Lage ist, diesen zu verlassen, weil er einfach nicht von ihm loskommt. Oder wenn jemand ein zweites Mal denselben Partner heiratet, obwohl die erste Ehe ein riesiges Desaster war. Für Außenstehende sind solche Situationen nicht nachvollziehbar. Da versteht man einfach nicht, warum nicht einer der Partner einfach einen Schlussstrich zieht und sich ein besseres Leben gönnt. Wie heißt es in einem Buchtitel Hermann Mayers so schön: »Jeder bekommt den Partner, den er verdient, ob er will oder nicht«. Aus karmischer Sicht betrachtet klingt das sehr einleuchtend. Wenn wir heute einen Partner aus einer früheren Inkarnation wiedertreffen, kommt zu Anfang eine angenehm vertraute Erinnerung in uns hoch, die uns hilft, positiv anzuknüpfen. Wenn wir nach der ersten Verliebtheitsphase die rosarote Brille abgenommen haben, zeigen sich andere Persönlichkeitsanteile, die meist eine Herausforderung für uns darstellen. Hier beginnt die gemeinsame Lernerfahrung oder auch eine karmische Lektion, die es zu bewältigen gilt. Die »Integrative Familienaufstellung« hilft dabei, karmische Zusammenhänge bewusst zu machen und dadurch Konflikte in Partnerschaften besser zu verstehen und zu lösen.

Das Geheimnis besteht darin,
dass ich in jedem Augenblick ein anderer
und doch immer derselbe bin,
dass ich immer derselbe bin,
bewirkt mein Bewusstsein,
dass ich in jedem Augenblick ein anderer bin,
bewirken Raum und Zeit.

Nikilajewitsch Leo Tolstoi

FAMILIENAUFSTELLUNG UND FRÜHERE LEBEN

Die Ahnen als Spiegelbild unserer abgespaltenen Persönlichkeitsanteile

Unsere Ahnen verkörpern Persönlichkeitsanteile, die wir noch nicht integriert haben. Deshalb sind es auch nicht die »bösen« Ahnen, die uns besetzen oder uns ein Unglück wünschen, weil sie es selbst in ihrem Leben schwer gehabt haben. Nein, wir selbst »borgen« uns ihre Schicksale, weil diese uns in unserer Entwicklung weiterhelfen.

> Es sind immer wir selbst, denen wir begegnen! Einem universellen Gesetz zufolge können wir nur mit einer Person oder einem Ereignis in Verbindung sein, das auch mit uns zu tun hat.
> Andernfalls können uns Schicksalsschläge, Besetzungen, Flüche oder sonstige Belastungen nichts anhaben.

Schicksalhafte Verstrickungen oder ursächliche Zusammenhänge

Wenn wir uns eine Familiendynamik ansehen, ohne die Hintergründe aus früheren Leben zu beachten, scheinen viele Verstrickungen willkürlich. Klienten fragen mich immer wieder: »Warum habe gerade ich diese Belastung zu tragen und nicht meine Schwester?« Lange wusste ich keine Antwort darauf. Ich dachte, dass uns vieles als Lernerfahrung dient. Wir müssen an alle schweren Schicksale erinnern, die in unserer Ursprungsfamilie nicht aufgearbeitet wurden, indem wir sie in ähnlicher Form wiederholen. Erst als mir die Bilder aus früheren Leben in meinen Aufstellungen gezeigt wurden, erkannte ich den Zusammenhang zwischen Ursache und Wirkung. Durch die vielen Fälle, die ich in meiner Praxis erleben durfte, wurde mir bewusst, dass wir bestimmte Probleme oder Schicksalsschläge wie unerfüllte Liebe, Geldprobleme, Krankheiten u. v. m. aus früheren Leben mitgebracht haben, um sie dieses Mal aufzulösen. Wir suchen uns unsere Eltern bzw. die Lebensumstände einer Inkarnation selbst aus, um die für uns nötigen Lernerfahrungen machen zu können. Unsere Eltern sind mit Sicherheit die wichtigsten Personen für uns, unter anderem, weil wir ihr genetisches Erbe mit allen damit verbundenen Persönlichkeitsanteilen weitertragen. Einige davon nehmen wir gerne an, andere lehnen wir rigoros ab: »Mama, Papa, so wie du werde ich nie!« Sie spiegeln vielleicht Anteile an Hartherzigkeit, Strenge oder Dominanz, die wir aufgrund eigener früherer Inkarnationen von uns abgespalten haben.

> Durch die Verstrickungen mit unseren
> Ahnen haben wir die Chance, altes Karma
> aus mehreren früheren Inkarnationen
> in diesem Leben aufzuarbeiten.

Schattenanteile

Es sind nicht die guten Seiten unserer Eltern und Ahnen, die wir ablehnen, es sind vielmehr Schattenanteile, die sich in Despotismus, Machtmissbrauch, Untreue, Kaltherzigkeit oder auch Krankheit oder einem unglücklichen Leben und anderem, mit denen wir uns schwer anfreunden können, äußern. Welches geschlagene Kind will schon den Täter ins Herz nehmen? Wenn man unterdrückt, emotional oder sexuell missbraucht wurde, wird man diese Eigenschaften bei sich selbst tunlichst meiden! Welche Frau, die einen Fremdgeher als Vater hatte, kann es ertragen, ein ähnliches Schicksal wie die Mutter zu erleiden? Trotzdem gerät sie in der Partnerwahl sehr oft an einen Mann, der vom Charakter her sehr dem Vater ähnelt! Diese Schattenanteile, die wir von uns abgespalten haben, verdrängen wir nach außen, wo wir unser Feindbild weiterhin beobachten und bekämpfen können! Um jedoch mit Persönlichkeitsanteilen, die wir für uns selbst als negativ empfinden, wieder in Frieden zu kommen, brauchen wir Mut zur Erkenntnis: Warum ist gerade mir das passiert? Was ist meine Lernaufgabe dahinter? Welche eigenen Ursachen habe ich gesetzt?

> Wenn ich zu der Einsicht gelange,
> dass ich mir jede Erfahrung in diesem
> Leben selbst gewählt habe,
> die guten wie die schlechten,
> dann kann ich meine Situation
> auch eigenverantwortlich verändern!

Gut und Böse

Hier, auf Erden, bietet sich uns die Lernerfahrung, die Polarität von Gut und Böse zu erleben. Die kirchlichen Institutionen im westlichen Kulturkreis ermutigen uns nicht gerade dazu, auch dem Bösen einen Platz in uns zuzugestehen. Dafür gibt es den Teufel, auf den alles geschoben werden darf! Wir dürfen uns nur auf einer Seite der Polarität bewegen, nämlich auf der guten, sonst landen wir in der Hölle. Wenn wir das »Böse« in uns aber immer nur verdrängen, haben wir nie die Chance, unseren Schattenanteilen zu entkommen! Es ist wie in Goethes »Faust«: »Ein Teil von jener Kraft, die stets das Böse will und stets das Gute schafft.« Wir tragen diesen Schatten in uns, und dieser will umarmt und integriert werden. Sehr oft habe ich in meinen Aufstellungen mit den überlieferten Werten der christlichen Kirchen zu tun, die uns blockieren, unsere Ganzheit zu erfahren. Doch nichts ist so schlimm, dass es nicht ins Herz genommen werden kann! Ich habe durch meine Arbeit erkannt, dass letztlich alles aus Liebe geschieht und die schlimmsten Erfahrungen die wertvollsten waren, weil sie uns verwundbar und menschlich gemacht haben.

In Bezug auf die oben angesprochenen Kirchen möchte ich hier betonen, dass es mir nicht um Bewertungen dieser Institutionen geht! Die Kirche ist eine Institution des Glaubens an Gott, an das Gute im Menschen und innere Werte, die vielen Menschen Halt, Gemeinschaft und Glauben gibt. Aber wo Licht ist, ist auch Schatten. Diese Schattenanteile sind Zeichen der Menschlichkeit. Es zeigt uns, dass auch kirchliche Repräsentanten sehr hoher Werte letztlich nur Menschen mit natürlichen Bedürfnissen sind, die es anzuerkennen gilt. Die meisten von uns haben in früheren Leben schon in der einen oder anderen Weise der Kirche gedient. Sie ist ein Teil unserer eigenen Schöpfung. Alle Glaubensmuster, Gelübde, Vorstellungen von Himmel und Hölle und sonstige Wertvorstellungen haben wir eigenverantwortlich geschaffen und übernommen. Somit haben wir auch die Möglichkeit, jene Wertvorstellungen dankbar zurückzugeben, die uns heute nicht mehr dienen (siehe Fall Nr. 24, »Es darf mir nicht gut gehen – Die blockierte Lebenslust).

Opfer und Täter – die Angst vor der eigenen Macht und Kraft

Auf Dauer ist es mühsam, immer in der Opferrolle zu sein, weil ständig die eigene Macht und Kraft abgegeben und woandershin projiziert wird. Indem man »die anderen« für alles verantwortlich macht und in der Außenwelt Schuldige für das eigene Leiden sucht, gibt man die Eigenverantwortung ab. Weil ich mit dieser Einstellung keine Macht habe, etwas zu ändern, kann auch keine Heilung geschehen. Die Macht haben die anderen, sie sind die Bösen, die Täter, die Schuldigen und symbolisieren somit die Anteile, mit denen ich nichts zu tun haben will. Sehr oft stammen diese Ängste vor der eigenen Macht und Kraft aus früheren Leben, in denen wir diese Kräfte missbraucht haben oder für unsere Macht und unser Wissen bestraft oder getötet wurden. Es ist naheliegend, dass man in darauffolgenden Leben zunächst die Rolle des Opfers der des Täters vorzieht, um sich keiner unnötigen Gefahr auszusetzen. Man kann davon ausgehen, dass alle Menschen auf dieser Erde bereits viele Leben als Täter wie auch als Opfer gelebt haben. Die meisten von uns haben ihre tiefsten Abgründe bereits durchlebt und durchlitten!

Ausstieg aus der Bewertung
als Schlüssel zur Selbstvergebung

Solange wir im dualen Bewusstsein denken, sind wir andauernd im Bewertungsmodus: Es ist gut, was du tust, es ist schlecht, wie du dich verhältst, es genügt nicht, was du leistest, sei besser, sei schneller, die einen sind schön, die anderen hässlich ... usw. Wir kennen diese tagtäglichen Bewertungen. Wir wollen alles kategorisieren, einordnen können, das gibt uns eine gewisse Sicherheit, uns in unserem Standpunkt zu definieren – so nach dem Motto: Ich bin richtig, du bist falsch – ich bin in Ordnung, du bist nicht o. k.! Negative Bewertungen sind nie angenehm. Als Beispiel möchte ich eine persönliche Erfahrung erzählen, die für mich sehr schmerzlich war.

Als ich vor Kurzem die Bewertungen meines Buches auf Amazon las, fiel mir die einer Frau auf, die sehr negativ über mich urteilte. Die Dame outete sich als Aufstellerin, kannte mich aber nicht persönlich und befand, dass es anhand meines Buches nicht nachzuvollziehen sei, wo ich all diese Bilder hernehmen würde. Sie würde die Hände über dem Kopf zusammenschlagen, was das nur für Heilungen seien. Sie riet jedenfalls davon ab, meinen Lösungsansätzen zu folgen oder gar, eine Arbeit bei mir zu machen! Ich war betroffen, von einem Menschen, der mich nicht einmal kannte, so negativ bewertet zu werden, noch dazu von einer Kollegin, die zwar begierig war, mehr über meine Art der Aufstellungsarbeit zu erfahren, aber alles verwarf, was sie nicht nachvollziehen konnte. Ich hatte überwiegend positive Rückmeldungen zu meinem Buch erhalten, trotzdem dachte ich lange darüber nach, warum mich diese eine negative so mitgenommen hat. Ich stellte dann fest, dass es mit einem Schuldthema aus einem früheren Leben zu tun hatte. Ich sah Bilder von Situationen, in denen ich selber Menschen mit Kritik und Worten vernichtet hatte. Ich musste offensichtlich spüren, wie schmerzhaft sich das als Betroffener anfühlt. Das Gute an dem Erlebnis war, dass ich mir vornahm, Menschen nie wieder derart vernichtend zu kritisieren!

Sie kennen vielleicht die Übung, bei der eine Person in der Mitte sitzt und alle anderen denken etwas über diesen Menschen. Was gefällt missfällt mir an dir? Vorher wird vereinbart, ob alle etwas Positives über den anderen denken und ihm damit gute Gefühle zukommen lassen – oder ob man dieser Person negative, kritische Gedanken zukommen lässt. Sie können sich bestimmt vorstellen, wie sich das jeweils für die Person in der Mitte anfühlt! Der Sinn der Übung besteht darin, zu erkennen, was passiert, wenn wir andere Menschen bewerten! Bewertet zu werden, kann eine schöne Sache sein, aber auch eine sehr schmerzhafte!

Ich glaube, dass Gott uns nicht bewertet, sondern dass er uns alle gleich liebt als seine Kinder, ganz egal wie wir aussehen oder was wir tun. Ist das nicht ein schönes Gefühl, bedingungslos geliebt zu werden? Irgendwie beruhigend und entspannend, denn da wir uns so geliebt wissen, kann uns Kritik von anderen relativ egal sein.

Was bringt uns die Nicht-Bewertung?

Wenn wir aufhören, unsere Schattenanteile, die uns negatives Karma und somit auch Schuldgefühle »eingebrockt« haben, zu bewerten und uns damit aussöhnen, dann können wir auch aufhören, andere zu bewerten. So wie es auch im Vaterunser heißt: »Vergib uns unsere Schuld, so wie auch wir vergeben unseren Schuldigern!«

Wenn wir nicht mehr bewerten, sondern alles vergeben, was uns angetan wurde, dann fällt das sehr positiv auf uns zurück. Dann werden wir auch uns selbst nicht mehr so negativ bewerten und uns für unsere Täteranteile bestrafen. Sie können davon ausgehen, dass alles in Ihrem Leben, was Ihnen nicht wirklich guttut, einem unbewussten Selbstbestrafungsprogramm entspricht! Schuld aus diesem oder früheren Leben, die noch nicht gesühnt wurde – ob es nun Krankheit oder Liebesleid ist. Sich in Nicht-Bewertung zu üben, ist ein Schlüssel zum Ausstieg aus dem dualen, bewertenden Denken. Es ist ein Schritt in die Bedingungslosigkeit sich selbst gegenüber, in das Verständnis, dass alles ein Teil des Ganzen ist – dass alle Erfahrung, ob gut oder schlecht, uns in unsere Ganzheit, in unsere Einheit führen, in die Erfahrung, dass letztlich alles Liebe ist!

NIRWANA

Übungen für ein neues Bewusstsein

Wenn wir immer das Gleiche denken und tun, wird sich in unserem Leben nichts ändern! Wir müssen neue Ebenen unseres Denkens und Fühlens betreten, um uns weiterzuentwickeln – um somit auf eine höhere Ebene unseres Bewusstseins zu gelangen. Unser erweitertes Bewusstsein bringt uns mehr Verständnis und Mitgefühl für uns selbst und damit auch für andere Menschen, es führt uns mehr und mehr in eine Bedingungslosigkeit der Selbstakzeptanz oder auch der Liebe hinein.

Sich heil und ganz zu fühlen bedeutet, mit allem, was ist, in Frieden zu sein. Alles, was im Außen ist, ist auch in uns! Wer das duale Denken der Polarität hinter sich lassen möchte und sich der Einheit nähern will, sollte sich mit allen ungeliebten Persönlichkeitsanteilen aussöhnen, die ihm täglich begegnen. Wer noch bewertet, nimmt sein geistiges Schwert und trennt etwas von sich ab:

»So bin ich nicht! Ich bin gut und nicht böse, ich bin rein und nicht beschmutzt, ich bin besser als die anderen, die noch so viel Schatten in sich tragen!«

Wir müssen mit unseren Schattenanteilen ins Reine kommen, um diese nicht mehr auf andere Menschen zu projizieren. Wir bewerten und setzen sonst andere herab, und dies fällt wieder auf uns zurück! Ich empfehle dazu folgende Übungen, die alte Verhaltensmuster in uns transformieren, die sich auf die Erfahrung der Dualität und der damit verbundenen Bewertung beziehen. Probieren Sie es aus, und lassen Sie sich überraschen, was passiert.

Übungen zur Stärkung von abgespaltenen Persönlichkeitsanteilen

In allem, was uns begegnet, ist auch ein Anteil von uns selbst enthalten. Im besten wie im schlimmsten Fall kommt ein Anteil zum Vorschein, den ich nur bei anderen wahrnehme und nicht bei mir selbst sehe.

Übung zur Stärkung und Integration
von abgespaltenen positiven Anteilen

Sowohl Frauen als auch Männer haben die Tendenz, in der Begegnung mit dem gleichen Geschlecht in Konkurrenz zu treten. Es erscheint wie ein Ur-Instinkt, sein Revier gegenüber dem Eindringling abgrenzen zu wollen. Dahinter stehen oft Unsicherheit, mangelnder Selbstwert und Verlustängste. Wenn ich nun einer interessanten Frau oder einem interessanten Mann begegne, dann sind zwei Reaktionen denkbar:

Variante 1: Ich fühle mich im Mangel und glaube, sie/er hätte etwas, was ich nicht habe, und werte mich dadurch selber ab. Das Ergebnis ist, dass ich schlechte Gefühle mir selbst gegenüber habe. Der andere ist toll, aber ich nicht.

Variante 2: Ich erfreue mich an der Schönheit und dem Charisma des anderen, denn es erinnert mich an meine eigenen Qualitäten. Ich könnte mich fragen, was ich in ihr/ihm sehe, was auch in mir ist. Ich stärke damit mein Selbstbewusstsein. Nach dem Motto: Du bist o.k., ich bin es auch!

Übung zur Integration negativer Persönlichkeitsanteile

Die gleiche Situation birgt auch im negativen Sinne die Chance, einen Schattenanteil von mir wahrzunehmen und zu integrieren. Ich begegne zum Beispiel einer eifersüchtigen Frau oder einem angeberischen Mann. Dann kann ich mich als Frau fragen, ob es auch in mir Eifersucht gibt oder ob ich diesen Aspekt verleugne. Kann ich mir als Mann auch eingestehen, ab und zu gerne ein Angeber zu sein oder werte ich diesen Aspekt bei anderen ab, weil ich es mir selbst auch nicht zugestehe?

Übung zur Integration von Schattenanteilen

Ich denke in mir: »Ich bin auch ein bisschen wie du. Auch ich bin manchmal eifersüchtig oder angeberisch.« Dieser Satz ist auch ein klassischer Lösungssatz, der bei Klienten angewandt wird, die ungeliebte Eigenschaften ihrer Eltern in sich annehmen sollen. Er wirkt in vielerlei Hinsicht wie eine Aussöhnung und ist sehr entspannend: Ich muss nicht mehr gegen etwas in mir kämpfen, ich bin im Frieden damit.

> Mit jedem Anteil,
> den ich in mir integriere,
> bin ich ein Stück mehr im Frieden
> mit der Menschheit und mit mir selbst.

Übung der Nichtbewertung

Versuchen Sie, einen Tag lang alles, was Ihnen begegnet, nicht zu bewerten. Egal ob es Menschen sind, die Sie oder andere mit ihrem Verhalten stören, verletzen oder sonstige unangenehme Gefühle in Ihnen hochbringen. Sagen Sie sich: Diese Person bringt bestimmte Gefühle in mir hoch. Ich beobachte mich dabei, wie diese Gefühle in mir hochsteigen – Punkt. Ich bewerte die Situation nicht.

Die Buddhisten nennen diese Übung »den göttlichen Gleichmut«.

> Unsere Realität ist dort,
> wo unser Bewusstsein ist.

Dankbarkeit üben

Wir befinden uns in einem schnelllebigen Zeitalter, sodass wir oft von einer Aktivität zur nächsten hetzen. Es bleibt kaum Muße, sich darüber Gedanken zu machen, was den ganzen Tag alles passiert ist – was gut und was nicht so gut gelaufen ist. Selbst vor dem Einschlafen sind wir meist schon mit den Anforderungen des morgigen Tages beschäftig.

In der Küche habe ich die Angewohnheit, abends alles aufzuräumen und sauber zu machen, weil ich die Unordnung des vergangenen Tages abschließen und den nächsten Tag nicht mit den Altlasten des Vortages starten möchte. Ein ähnliches Ritual wäre auch abends, vor dem Einschlafen, sinnvoll. Unser Sohn hat die Angewohnheit, vor dem Einschlafen noch Erlebnisse mit uns zu besprechen, die ihn beschäftigen. Wenn er sehr aufgewühlt ist, dann frage ich ihn, was ihm am heutigen Tag besonders gut gefallen hat, und dann singen wir das Kirchenlied »Danke für diesen guten Morgen, danke für diesen schönen Tag«. Es bringt mich und meinen Sohn in eine friedliche Einschlafstimmung. Mit einem Gefühl der Zufriedenheit einzuschlafen, ist ein schönes Gefühl, das einem Geborgenheit vermittelt!

Unsere Realität ist dort, wo unser Bewusstsein ist. Wenn ich meinen Fokus auf die vielen Dinge meines Lebens lenke, die gut funktionieren, dann bin ich in der Fülle und empfinde Dankbarkeit für mein Leben. Wenn ich mich nur auf jene Dinge fokussiere, die mir zu meinem Glück »scheinbar« noch fehlen, dann bin ich im Gefühl des Mangels – davon lebt unsere Wirtschaft. Ich habe die Wahl, wohin ich mein Bewusstsein lenke.

Eine weitere Übung der Dankbarkeit

Bedanken Sie sich jeden Tag vor dem Einschlafen für alles, was in Ihrem Leben gut ist:

Diese Liste an Beispielen lässt sich vielfach ergänzen:

- Danke, dass wir, ich und meine Familie, gesund sind.
- Danke, dass ich einen lieben Partner an meiner Seite habe. (Falls Sie ungewollt Single sind, könnten Sie sagen: Danke, dass ich einen lieben Partner finden werde.)
- Danke, dass ich genügend Geld habe, um meine Existenz zu sichern, und keinen Mangel leiden muss.
- Danke, dass ich in einem schönen Zuhause lebe, wo ich mich sicher und geborgen fühle.
- Danke für meine lieben Freunde, auf die ich zählen kann.
- Danke an meine Schutzengel und geistigen Führer, die mich täglich so gut begleiten.
- Danke, dass ich heute eine sehr schwierige Erfahrung gut meistern konnte.
- Danke für die Fülle in meinem Leben, dass ich so reich gesegnet bin.

> Wer mit einem Gefühl der Dankbarkeit einschläft, wacht morgens zufrieden auf!

Übung: Mit dem Herzen sehen

Wie ich bereits in der Einleitung geschrieben habe, ist es von Vorteil, dieses Buch nicht nur mit dem Verstand zu lesen, sondern mit den Augen der Seele. Unser Herz und unsere Seele sprechen eine andere Sprache als unser Verstand. Auch im

Alltag ist es hilfreich, dem Leben mit einem offenen Herzen zu begegnen. Probieren Sie es aus:

Versuchen Sie einen Tag oder auch nur für eine Stunde, den Menschen und Situationen mit einem offenen Herzen zu begegnen. Stellen Sie sich vor, dass sie alles aus der Gefühlsebene ihres Herzens betrachten. Dabei öffnet sich automatisch Ihr Mitgefühl für Ihr Umfeld. Menschen, die Ihnen begegnen, werden sich von Ihnen angenommen und geliebt fühlen, ohne dass Sie auch nur ein Wort sagen müssen. Je mehr sich diese Liebe in Ihnen ausdehnt, desto weiter werden Sie sich selbst fühlen. Der kleine Trichter unserer verstandesmäßigen Wahrnehmung weicht etwas Größerem in uns. Mit der Zeit gelangen Sie durch eine neue Erfahrung in einen erweiterten Bewusstseinszustand.

Als Beispiel möchte ich von einer persönlichen Erfahrung berichten:

Ich kam von einem Seminar nach Hause, bei dem wir alle hart daran gearbeitet hatten, uns für das Bewusstsein unserer eigenen Seele zu öffnen. Nur wenigen von uns war diese Übung gelungen, obwohl alle ganz wild darauf gewesen waren. Auch ich hatte diese Erfahrung unbedingt machen wollen. Der Seminarleiter meinte, dass ich zu sehr darauf fokussiert sei und es deshalb erst dann bei mir klappen würde, wenn ich nicht mehr daran dächte. Enttäuscht fuhr ich nach Hause, um meinem Job nachzugehen. Mein damaliger Partner konnte noch ein paar Tage länger am Seminar teilnehmen. Als er schließlich nach Hause kam, war ich schon gespannt, wie es den Teilnehmern ergangen war. Ich wusste, wie hart sie alle gekämpft hatten, um diese wunderbare Erfahrung machen zu dürfen! Ich spürte plötzlich großes Mitgefühl für jeden Einzelnen. Genau in diesem Moment drängte eine gewaltige Energie über meinen Kopf in mich hinein. Ich musste mich hinlegen, weil die Welle so stark war und begonnen hatte, sich durch meinen gesamten Körper hindurch bis zu meinen Füßen zu bewegen. Als sie mein Herz durchströmte, musste ich wie verrückt lachen, als wollte sich etwas befreien. Es war ein überwältigendes Gefühl, ich empfand es als meine Seele, die meinen Körper durchdrang. Endlich erlebte ich die Seelenverschmelzung, die ich mir so sehr gewünscht hatte. Es war eines der schönsten spirituellen Erlebnisse, die ich je hatte.

> Alles, was wir von Herzen herbeisehnen,
> wird sich erfüllen,
> wenn wir uns nur lange genug
> darauf fokussieren.

Der Grund, warum ich Ihnen das erzähle, ist, dass mir dieses Erlebnis nur durch das Mitgefühl für anderen Menschen möglich wurde, denn dadurch war ich »weit genug«, um der Energie meiner Seele Raum zu geben. Im engen Trichter meines Egos hätte ich diese wunderbare Erfahrung wahrscheinlich nicht machen können.

Wenn wir uns durch unser Mitgefühl für andere über uns selbst hinaus ausdehnen, machen wir Platz für etwas Größeres in uns, das uns erfüllen will. Es lohnt sich also, das Herz zu öffnen, es belohnt uns letztlich mit einem Gefühl der Glückseligkeit.

Es gibt viele Möglichkeiten, wie z. B. Meditation, die dabei helfen können, solche Erfahrungen herbeizuführen. Jeder sollte dabei seinen eigenen Weg der Selbstfindung gehen. Als Vorbereitung oder Einstieg dazu kann ich Ihnen die Bücher und CDs von Frank Kinslow über Quantenheilung ans Herz legen. Diese beschäftigen sich vor allem mit dem »Reinen Bewusstsein« in uns, mit welchem wir sowohl uns selbst als auch andere heilen können.

> »Man sieht nur mit dem Herzen gut, das Wesentliche ist für die Augen unsichtbar.«
> Antoine de Saint-Exupéry, Der kleine Prinz

EINHEITSBEWUSSTSEIN

Freiheit, Gleichheit und Brüderlichkeit bestimmen den Zeitgeist des Wassermannzeitalters, in dem wir uns gerade befinden. Es geht um Gleichwertigkeit und die Sehnsucht nach Einheit anstelle von Trennung. Die Europäische Union ist nur ein Beispiel dafür, dass Grenzen sich mehr und mehr auflösen und Kulturen sich vermischen. Die aktuelle Flüchtlingsbewegung in Europa fordert uns heraus, die Unterschiede und Ängste zwischen den Völkern und Kulturen zu überwinden, um miteinander in Frieden leben zu können.

Mehr als jemals zuvor bewegen wir uns derzeit von der Dualität in die Einheit. Wir verlassen die Polarität des dualen Bewusstseins von Trennung und Unterscheidung, von der Bewertung von Gut und Böse, Hell und Dunkel, wertvoll und wertlos

u. v. a. m. Wir gehen wieder nach Hause, in das Bewusstsein der Einheit, wo alles miteinander verbunden ist, eins ist! Ein Leben ohne Bewertung mag uns heute noch als eine weit entfernte Vision erscheinen, aber vielleicht ist es nur der Sprung in eine andere Ebene unseres Bewusstseins? Im Rahmen eines Seminars über Bewusstseinserweiterung durfte ich die Erfahrung der Nicht-Bewertung schon einmal machen. Es war eine Erfahrung, dass alles gleichwertig war, egal, was passierte. Meine kleinen Zehen waren genauso wichtig wie meine Augen, was ich vorher noch nie so verspürt hatte. Ich war auf einer anderen, höheren Ebene meines Bewusstseins angekommen, wenngleich auch nur für ein paar Stunden. Aber ich kann seither sagen, dass es diese Ebene der Nicht-Bewertung in uns gibt! Mehr dazu berichte ich in meinem neuen Buchprojekt »Heimkommen und Aufstieg durch spirituelle Aufstellungen«.

Die Liebe ist der Anfang
und das Ende.

Die bedingungslose Liebe –
der Ausstieg aus Schuld und Selbstbestrafung

Ein Bewusstsein der bedingungslosen Liebe will sich hier, auf unserer Erde, manifestieren. Diese bedingungslose Liebe, so angenommen zu sein, wie man ist, muss jeder zuerst in sich selbst entwickeln. Erst durch die Liebe zu sich selbst und zu anderen wird es uns gelingen, diese auch auf andere auszuweiten. Bedingungslose Liebe schließt die guten und die bösen Anteile mit ein, so wie man es sich von einem liebenden Gott vorstellt, der einfach nur liebt, ohne jede Bewertung.

Bei meiner Arbeit mit karmischen Schuldgefühlen ist die bedingungslose Liebe zu sich selbst der Schlüssel zu Selbstvergebung und Heilung. Mit dieser Liebe können wir auch unsere Schattenanteile integrieren. Die Liebe ist der Anfang und das Ende. Ich glaube, dass es die wichtigste Erfahrung überhaupt ist. Wenn unsere Liebe zu uns selbst stark genug ist, kann sie von einem Weg der Selbstbestrafung auf einen Weg der Selbstliebe führen – es liegt an uns! Als Unterstützung dieses Selbstvergebungsprozesses empfehle ich meinen Klienten die Verwendung der CDs von Colin C. Tipping: 13 Schritte der Radikalen Vergebung!

EIGENVERANTWORTUNG

Die Methode der »Integrativen Familienaufstellung«, die auch unsere Ahnen und deren Schicksal mit einbezieht und die ursächlichen Zusammenhänge von damals erkennbar macht, zeigt uns ein umfassenderes Bild von uns selbst. Alles, was wir im heutigen Leben nur sehr schwer akzeptieren können, ist ein Anteil von uns, den wir in früheren Leben im Übermaß gelebt und abgespalten haben. Wie innen so außen! Alles, was wir im Außen sehen, sind immer nur wir selbst.

Wir sind immer voll und ganz verantwortlich für unser(e) Leben! Es gibt immer eine Antwort auf das, was wir tun oder unterlassen. Dies mag mitunter mit karmischem Schicksal beantwortet werden und wird uns früher oder später einholen. Wie man so schön sagt: »Wie man in den Wald hineinruft, so kommt es wieder zurück!« Es ist nicht immer einfach, der Verantwortung für das eigene Leben, für das unserer Kinder, unsere Partnerschaft, unserem Beruf gegenüber u. a. m. gerecht zu werden. Es kann zu schwer werden und zur Überforderung führen. Sie wird dann an andere Menschen abgegeben. In meiner Aufstellungsarbeit zeigt sich oft, dass insbesondere Frauen, die Angst haben, die Verantwortung für ihr eigenes Leben zu tragen, diese an den Partner übertragen. Es herrscht in vielen Familiensystemen noch immer der Glaubenssatz vor, dass nur Männer fähig sind, Verantwortung für die Familie zu tragen. Frauen haben sich dementsprechend dem Haushalt und den Kindern zu widmen, während es nur den Männern zusteht, sich beruflich zu verwirklichen. Für solche Frauen ist es meist sehr schwer, mit ihrem Leben alleine zurechtzukommen. Daher bleiben sie lieber in der Abhängigkeit ihrer Männer, anstatt sich ihr eigenes Leben aufzubauen.

Auch die Angst, sich eventuell Schuld aufzuladen, lässt viele Menschen vor der Eigenverantwortung zurückweichen, denn derjenige, der die Verantwortung hat, trägt auch die Schuld, wenn etwas schiefläuft! Doch gerade das Annehmen der Verantwortung für unser Handeln bringt uns die Erlösung. Etwas, für das ich nicht die Verantwortung übernehme, kann ich auch nicht heilen. Wenn ich mich aus einer Täter- oder Opferrolle befreien will, muss ich dazu stehen, was ich getan habe. Hinschauen und Annehmen ist schon die halbe Miete – oder wie Hellinger gerne sagt: »Annehmen, was ist!« In Anbetracht des karmischen Gesetztes kann man ergänzen: Annehmen, was war. Wenn ich meine Verantwortung annehme und für mich einstehe, bleibe ich handlungsfähig – wenn nicht, bleibe ich in der Opferrolle und bin machtlos.

> Wenn wir Verantwortung für unser Leben
> übernehmen und uns nicht als »Opfer
> unseres Schicksals«, sondern als
> »Schöpfer unserer Wirklichkeit« erfahren,
> dann sind wir der Göttlichkeit in uns ein
> großes Stück näher gerückt. Wir sind
> mit einem freien Willen ausgestattet.
> Die Entscheidung liegt bei uns!

Um in diese Schöpferkraft zu gelangen, ist es notwendig, alle Anteile von Eigenmacht, Selbstbestimmung über das eigene Leben, Eigenwert, Selbstachtung, Selbstverwirklichung, und Erfolg in sich selbst zu tragen und diese nicht an jemand anderen zu opfern. Ein Hauptanteil meiner Arbeit besteht darin, meinen Klienten dabei zu helfen, freiwillig aufgegebene oder abgespaltene Persönlichkeitsanteile wieder zu sich zurückzunehmen. Das führt sie in ihre Eigenermächtigung und bildet die Voraussetzung, ihr Leben gut zu meistern.

Besetzungen durch Verstorbene

Bei einer Besetzung »stülpt« sich die Seele eines Verstorbenen über den Körper eines Lebenden. Sehr oft führt eine energetische Besetzung beim Betroffenen zum Verlust von Lebensenergie. Es kann auch zu Verwirrtheit und Orientierungslosigkeit kommen, weil man nicht mehr frei für das eigene Empfinden ist. Die Ursachen für Besetzungen können vielschichtig sein. Es kann sich um die Seele eines Menschen handeln, der gestorben ist und umherirrt, weil ihm entweder nicht bewusst ist, dass er schon tot ist, oder er den Weg in die nächste Seelenebene nicht findet. Das geschieht vor allem jenen, die sehr plötzlich aus dem Leben gegangen sind, wie beispielsweise Kriegs- oder Unfallopfern. Sie sind durch den Schock so traumatisiert, dass ihnen nicht bewusst ist, bereits gestorben zu sein. Manche Menschen sind auch so stark mit der Materie verbunden, dass sie sich nach ihrem Tod davon nicht lösen können. Sie leben noch lange Zeit als Seelenenergie in ihrem ursprünglichen Zuhause und suchen Kontakt zu ihren Lieben.

Ahnenbesetzungen

Es gibt verschiedene Arten von Besetzungen. Jene, die ich bei meiner Arbeit am häufigsten erlebe, sind Ahnenbesetzungen. In diesem Fall identifiziert man sich nicht nur mit einem verstorbenen Ahnen, man ist auch energetisch durch ihn besetzt. Die Ursache hierfür sind oft Schuldgefühle. Man erlaubt sich gegenüber einem früh Verstorbenen nicht, seinen eigenen Platz im Leben einzunehmen, und gibt unbewusst sein körpereigenes Energiefeld an den Verstorbenen ab. Manchmal ist auch Todessehnsucht der Grund dafür, dass man selbst lieber im Jenseits wäre und dem Verstorbenen seinen eigenen Platz im Leben überlässt. Sobald man herausgefunden hat, um welchen früh verstorbenen Ahnen es sich handelt, lassen sich solche Ahnenbesetzungen auflösen.

Karmische Besetzungen

Es gibt auch Besetzungen durch lebende Menschen. Man überlässt sein Energiefeld einem anderen und erlaubt, dass die eigene Lebensenergie an diese Person abgegeben wird. Man fühlt sich müde und leer, ein ähnliches Empfinden wie bei einer Besetzung durch Verstorbene. In beiden Fällen wird die eigene Energie abgegeben.

Ein praktisches Beispiel:

Während unseres Hausanbaues unterhalte ich mich längere Zeit mit einem Helfer auf der Baustelle. Am Abend bemerke ich, wie meine körpereigene Energie immer mehr abfällt, bis ich mich völlig erschöpft schlafen lege. Auch am nächsten Morgen fühle ich mich keineswegs erholt, meine Erschöpfung ist immer noch da. Beim kinesiologischen Austesten erkenne ich folgende Bilder aus einem früheren Leben:

Ich sehe mich als Mutter eines Sohnes. Es handelt sich um jenen Mann, der als Helfer auf unserer Baustelle tätig war. Ich führte damals ein sehr exzentrisches Leben und wollte mich um meinen Sohn nicht kümmern, deshalb habe ich ihn in ein Heim gegeben.

Auswirkungen auf mein heutiges Leben:

Die unbewussten Schuldgefühle meinem damaligen Sohn gegenüber haben mich veranlasst, ihm heute den Großteil meiner Lebensenergie abzugeben. In dem Moment, als mir die Verstrickung bewusst wurde, habe ich die Verantwortung für mein damaliges Fehlverhalten als Mutter übernommen und ihm seine Verantwortung für sein Leben zurückgegeben. Heute ist er nicht mehr mein Sohn und für sich selbst verantwortlich. In dem Moment, als ich diese Lösungssätze gedacht habe, war die Besetzung wie weggeblasen, und meine Energie kehrte zurück! Ich betrachte es als karmischen Schuldausgleich, der glücklicherweise nur von kurzer Dauer war.

Besetzungen durch Energiearbeit

Eine Heilerin hat einmal zu mir gesagt: »Ich nehme nicht gerne an Energieheilungen teil, da geht man alleine rein und zu dritt wieder raus!« Ich habe es auch schon erlebt, dass mir während einer Heilsitzung Energie abgezogen wurde oder ich mit den energetischen Belastungen des Heilers oder seinen Ahnenbesetzungen nach Hause ging. Aber auch hier muss betont werden, dass ich unbewusst mein Einverständnis dafür gegeben habe. Entweder hatte ich eine Verstrickung mit der jeweiligen Person zu lösen, oder ich war mit meinem Thema, nämlich der mangelhaften Abgrenzung, konfrontiert. Auch von Aufstellungsseminaren kenne ich die Erfahrung von Besetzungen. Wer sich schlecht abgrenzen kann, hat es als Darsteller oft schwer, die übernommene Rolle wieder ganz loszulassen. Wenn man z. B. eine Person darstellt, die bereits verstorben ist, kann dies zu einer energetischen Besetzung führen. Man nimmt diese Energie mit nach Hause und wird sie oft erst wieder los, indem man sich Hilfe sucht. Es kommt zu solchen Besetzungen bei Aufstellungen nur dann, wenn man sich nach der Aufstellung nicht ausreichend aus der Rolle herausnimmt und Reinigungsrituale vernachlässigt. Da ich im Rahmen meiner eigenen Ausbildung diese leidige Erfahrung oft genug gemacht habe, ist es mir ein besonderes Anliegen, nach Beendigung der Aufstellungen für entsprechende Reinigung zu sorgen. Wenn es dennoch zu einer energetischen Besetzung kommt, hat das immer etwas mit der eigenen Person zu tun. Abgrenzungsschwäche ist ein Zeichen dafür, dass man selbst zu wenig zentriert in der eigenen Mitte lebt und schnell bereit ist, seine Energie an andere abzugeben bzw. zu opfern. Wer selbst viele Verstrickungen mit Toten im eigenen Familiensystem hat, wird sich als Darsteller schwer von Verstorbenen abgrenzen können. Man verknüpft sie mit eigenen Themen und nimmt diese energetisch mit nach Hause, um sich noch weiter damit zu beschäftigen. Dies ist ein Zeichen dafür, dass man selbst noch ein ähnliches Thema hat, das gelöst werden will! Eine solche Besetzung ist jedoch nichts Bedrohliches, sie lässt sich mit einfachen Mitteln rasch lösen.

DER MÄNNLICHE UND WEIBLICHE GOTTESKANAL

So wie alles auf Erden nach dem Gesetz der Dualität gegensätzlich angelegt ist – Männlich und Weiblich, Tag und Nacht, Himmel und Erde –, so besitzt auch unser Gottesbild, mit dem wir uns identifizieren, zwei Pole, den weiblichen und den männlichen. Mit der Geburt von Jesus Christus kam Gott in Gestalt eines Mannes zu uns! Deshalb tragen viele Menschen in Verbindung mit ihrem Gottesbild bewusst oder unbewusst die Gestalt eines alten Mannes oder das Bild von Vater und Sohn in sich. Frauen ist es in der katholischen Kirche bis heute nicht möglich, Priesterinnen zu werden. Da wir diese christlichen Prägungen seit Jahrhunderten in uns tragen, erfordert es von uns viel Arbeit, dieses Gottesbild zu einer Gleichwertigkeit von Weiblichem und Männlichem umzuwandeln. Wenn dies nicht geschieht, bleibt bei den Frauen der unbewusste Glaubenssatz: »Ich bin als Frau auch Gott gegenüber weniger wert.« Auch Männer fühlen sich an dieser Ungleichheit unbewusst schuldig. Die Folge davon ist, dass viele Männer sich aus Solidarität mit den Frauen ihrem männlichen Gottesbild nicht wirklich hingeben können. Ungerechtigkeiten werden also nicht nur in unseren Ahnensystemen gebüßt, sondern auch kollektiv ausgeglichen. Die Literatur hinsichtlich der überlieferten Schriften der Bibel liefert uns viele neue Ansätze über das Verbleiben der Göttin. Maria Magdalena wird dabei immer

wieder als der inkarnierte weibliche Gegenpol zu Jesus bezeichnet. Hinzugefügt sei noch, dass sie mit ziemlicher Wahrscheinlichkeit auch keine Hure war (siehe Literaturverzeichnis). Die Auswirkung auf unser heutiges Leben veranschaulicht ein praktisches Beispiel (Fall Nr. 23, Die Sehnsucht und die Abwehr, Jesus in sich zu spüren).

Jeder von uns ist mehrere, ist viele,
ist ein Übermaß an Selbsten.

Fernando Pessoa

NEUE METHODEN DER INTEGRATIVEN FAMILIENAUFSTELLUNG

Wie funktioniert eine Familienaufstellung?

Aufstellungen sind hilfreich zu allen Fragen und Problemen des menschlichen Miteinanders, auch ganze Teams, Firmen oder Institutionen können davon profitieren. Die meisten Aufstellungen finden in Gruppen statt. In einer Familienaufstellung stellt der Klient bzw. Aufsteller sein inneres Bild von seiner Familie durch stellvertretende Personen nach. Aus der Wahrnehmung der Darsteller lassen sich belastende Dynamiken innerhalb des Familiensystems erkennen, diese werden dann durch Lösungssätze positiv verändert. Am Schluss nimmt der Aufsteller seine Rolle von seinem Darsteller zurück und wird in sein Lösungsbild gestellt, um dieses spüren zu können. Dann lässt man die Aufstellung wirken, ohne diese zu zerreden. Ein bis zwei Wochen später erhalte ich dann eine Rückmeldung von meinen Klienten, was sich in Bezug auf das jeweilige Anliegen verändert hat.

Es geht bei den Aufstellungen nicht nur um Familiensysteme, man kann prinzipiell alles aufstellen. Die folgenden Fragen geben eine Übersicht über die mögliche Bandbreite:

- Wie funktionieren Familie und Beziehung?
- Welches Schicksal müssen ich oder meine Kinder unbewusst wiederholen?

- Wie kann ich mich von solchen Identifizierungen und Verstrickungen aus dem Generationsverband lösen?
- Wie wichtig ist das »Annehmen der Eltern« für meine eigene persönliche Entwicklung? Beispielzitat: »Mama, so wie du werde ich nie!«
- Was passiert, wenn Ex-Partner nicht geachtet und geehrt werden?
- Welche Dynamik führt zur Übernahme und Wiederholen von Krankheiten oder sogar jemandem in den Tod nachfolgen zu wollen?
- Wie wichtig sind abgestorbene nicht erkannte Geschwister im Mutterleib für mein Leben?
- Wie kann ich mich mit der »Pipeline« meiner Ahnen wiederverbinden und mich stärken?
- Wie kann ich mich aus karmischen Verstrickungen, alten Schwüren und Gelübden, die ich in früheren Leben abgelegt habe, befreien und abgespaltene Persönlichkeitsanteile wieder zu mir zurücknehmen?

Die Hauptanliegen meiner Klienten drehen sich um die Themen Partnerschaft, Probleme mit den Kindern, nicht verwirklichter Beruf, Geldmangel, sexuelle Probleme und Krankheiten. Hinsichtlich der diversen Fragen gibt mir das Familiengenogramm (Aufzeichnung des Stammbaumes einer Familie) eine gute Übersicht über die Beziehungsdynamik der Eltern und Ahnen, über schwere Schicksale wie früher Tod eines Angehörigen, Flucht oder Vertreibung aus der Heimat, bereits vorhandene Krankheitsbilder u. v. a. m. Aus diesem Genogramm lassen sich bereits mögliche Verstrickungen und übernommene Belastungen erkennen. In der Gruppenaufstellung werden dann die jeweiligen Konflikte oder Verstrickungen durch Gruppenmitglieder sichtbar und fühlbar gemacht. Es ist ein Phänomen, dass Personen, die als Stellvertreter für je eines der Familienmitglieder aufgestellt werden, dieses sehr gut repräsentieren, ohne etwas von ihm zu wissen. Bert Hellinger nennt dies die »Phänomenologische Psychologie«. Es kann in der Theorie nur begrenzt vermittelt werden, wie es sich anfühlt ein solcher Darsteller zu sein – man muss es persönlich erleben, erst dann wird es zu einer Erfahrung und zu der Gewissheit, dass es wirklich funktioniert.

Welche Formen der Aufstellung gibt es?

Man kann sowohl mit Personen als auch mit gegenständlichen Stellvertretern wie Stühlen, Klötzchen, Muscheln, Steinen u. a. m. aufstellen. Wie ich später beschreiben werde, hat jede Form ihre eigene Qualität und Aussagekraft.

Auch die verschiedenen Arten von Aufstellungen unterscheiden sich voneinander. Vorwiegend wird mit Lösungssätzen gearbeitet, um familiensystemische oder karmische Verstrickungen zu lösen. Es gibt aber auch Aufstellungen, die mit wenigen Dialogen ablaufen, man nennt sie »Bewegungen der Seele« oder »Bewegungen des Geistes«. Die Form der Arbeit richtet sich nach dem Aufstellungsleiter.

> Wenn Verstrickungen aus dem
> Familiensystem gelöst sind
> und die Eltern ins Herz genommen werden,
> so wie sie sind, können auch wir sein,
> wie wir sind.

Warum sind Aufstellungen so effektiv?

In einer Familienaufstellung wird deutlich, dass wir nicht so frei und ungebunden sind, wie wir vielleicht glauben. Wenn Verstrickungen aus dem Familiensystem gelöst sind und die Eltern ins Herz genommen werden, so wie sie sind, können auch wir sein, wie wir sind. Wir selbst und unsere Kinder kommen zur Ruhe, wenn alte Belastungen gelöst wurden. Wir erhalten mehr Erdung durch den Anschluss an unsere »Ahnenpipeline«, die Quelle der Kraft unserer Wurzeln. Dann können, Liebe, Glück und Gesundheit – oder was auch immer durch unliebsame Schicksale in Mitleidenschaft gezogen war – wieder fließen und gelingen, und wir sind frei für unser Leben.

Der Aufstellungsprozess

Immer wieder bitten mich Leser, den Ablauf meiner Arbeit genauer zu beschreiben, um diesen besser nachvollziehen zu können. Vor allem interessiert sie, wie ich zu meinen Bildern komme. Daher möchte ich dieser Bitte nun nachkommen und versuchen, alle Fragen so gut wie möglich zu beantworten.

Erstanalyse und kinesiologisches Austesten

Den meisten Aufstellungen geht eine schriftliche Erstanalyse voraus. Sobald ich das Anliegen meines Klienten erhalten habe, stelle ich die Konstellation aller Beteiligten mit Klötzchen vor mir auf. Dabei teste ich zuerst, ob die Ursache für das Problem karmische oder familiensystemische Ursachen hat – wobei natürlich auch beides der Fall sein kann. Es ist wie mit einem Wollknäuel, der total verheddert ist: Man muss versuchen, den Anfang des Fadens zu finden. Bei der Aufstellung ist es sehr ähnlich.

Das kinesiologische Austesten ist ein Teil meines Werkzeuges, welches mir in kürzester Zeit Klarheit verschafft, in welche Richtung der Prozess hingeht bzw. was ich zur Lösung brauche. Benötigt es den Vater oder die Mutter, bestimmte Ahnen oder Ahninnen aus der Ursprungsfamilie oder müssen prägende Ereignisse aus der Kindheit oder einem früheren Leben beleuchtet werden? Es kann auch eine Kombination aus all diesen Bereichen sein. Wo die Aufstellungs- bzw. Heilungsarbeit beginnt, zeigt das erste Aufstellungsbild. Die Seele liefert die Bilder, die zum jetzigen Zeitpunkt lösbar sind. Deshalb bezeichnet Bert Hellinger die Aufstellungsarbeit auch als »Bewegungen der Seele« oder »Bewegungen des Geistes«.

> Es ist meist nicht der Verstand,
> der auf meine Worte reagiert,
> sondern die Seele selbst,
> die sich erinnert!

Das kinesiologische Austesten

Vertrauen in meine Bilder zu haben ist gut, Kontrolle ist besser! Ich überprüfe immer wieder die Richtigkeit meiner intuitiven Erkenntnisse durch kinesiologisches Austesten mit dem Armlängentest. Dieses Muskeltestverfahren, welches durch die Länge der Arme eine klare Abfrage auf Ja oder Nein ermöglicht, gibt mir die Sicherheit, meiner Wahrnehmung gut vertrauen zu können. Von vielen verschiedenen Testverfahren ist der Armlängentest für mich seit vielen Jahren der zuverlässigste. Es gibt dabei Formen des Austestens, die ich nicht über den Körper meines Klienten teste, sondern über meine eigenen Hände. Diese Methodik ist vor allem für die Fernarbeit sehr hilfreich. Man kann damit folgende Fragen beantworten:

- Ist die Ursache des Problems familiensystemisch, karmisch oder in Hinblick auf die Kindheit zu bearbeiten? Es kann natürlich auch eine Verbindung von allen dreien sein. Der Testvorgang zeigt aber an, auf welcher Ebene ich anfangen soll.
- Wenn die Ursache familiensystemisch testet, frage ich ab, ob das Thema auf der Mutter- oder der Vaterseite zu lösen ist. Wenn sich beim Testen eine Seite klar zeigt, dann teste ich, ob das Thema mit einer Person oder mit mehreren Personen in Verbindung steht. Wenn es sich um eine Person handelt, teste ich das System so lange vom Aufsteller zurück (Eltern, Geschwister der Eltern, Großeltern, Geschwister der Großeltern und Urgroßeltern), bis ich die betreffende Person gefunden habe. Diese wird dann in Verbindung mit unserem Klienten aufgestellt.
- Wenn es karmisch testet, so frage ich, ob das Thema mit einem oder mit mehreren Leben in Verbindung steht. Wenn es um ein Leben geht, wird dieses aufgestellt. Zeigt es beim Testen mehrere Leben an, so stelle ich das auf, das mir am wichtigsten erscheint. Danach kann man noch fragen, ob es noch ein weiteres Leben braucht, um das Problem zu lösen.
- Wenn ich die Kindheit als Ursache teste, kann ich die Altersstufen von Pränatalphase bis zur Pubertät durchtesten, bis ich den Zeitraum genauer eingrenzen kann. Daraufhin kann ich meinen Klienten fragen, was zu dieser Zeit in seinem Leben passiert ist.

Hinweis zum kinesiologischen Entkoppeln

Festgefahrene Gefühle, die aus früheren Leben herrühren, können im Zuge des Aufstellungsprozesses durch kinesiologisches Entkoppeln gelöst werden (siehe Fall Nr. 30, Die Angst vor dem Autofahren und der tödliche Unfall in einem früheren Leben).

Hierfür ist nur eine leichte kinesiologische Arbeit, bei welcher der Angstpunkt am Magenmeridian aktiviert wird, vonnöten. Falls dies nicht ausreicht, um alte traumatische Erfahrungen oder andere damit verbundene Gefühle zu entkoppeln, vermittle ich meine Klienten an sehr gute Traumatherapeuten oder Kinesiologen, die ich in meinem Netzwerk habe, weiter.

Beispiel einer Weiterleitung an einen Kinesiologen:

Ich erinnere mich an einen Fall, wo mich eine Frau bat, eine Fernaufstellung für sie zu machen, um den Unfalltod ihres verstorbenen Bruders aufzuarbeiten. Als ich die Klötzchen, die sie und ihren Bruder symbolisierten, vor mich hinstellte, nahm ich meine Klientin noch ganz im Schock über den Unfall und den plötzlichen Verlust des Bruders wahr. Es war mir nicht möglich, irgendwelche Lösungssätze mit ihr zu sprechen, da sie noch völlig traumatisiert war, bildlich wie in Eis gefroren. Deshalb bat ich sie, diesen Schock und alle damit verbundenen Gefühle mit einem Kinesiologen zu lösen. Vier Wochen später meldete sie sich wieder und ich konnte mit ihr weiterarbeiten. Erst jetzt war es möglich, die Trauergefühle und den Schock über den verstorbenen Bruder in Heilung zu bringen.

Auswahl der stellvertretenden Objekte

Bei Einzel- und Fernaufstellungen steht nach der Erstanalyse bzw. dem Vortesten die Auswahl der Objekte an. Dazu bieten sich Kissen, Bauklötzchen, Schach- und Spielfiguren, Stühle, Steine, Muscheln und Ähnliches an. Der leitende Aufsteller sucht sich am besten ein Medium aus, mit dem er gerne arbeitet. Ich persönlich arbeite am liebsten mit Kissen und Klötzchen.

Arbeit mit Kissen

Die Arbeit mit Kissen bietet den Vorteil, dass man sich körperlich in die Rolle jedes Darstellers einfühlen kann. Beim Aufstellen in der Gruppe verwende ich teilweise Stühle oder Kissen, um die Darsteller, die bereits verstorbene Personen darstellen oder eine sehr anstrengende Rolle haben, nicht unnötig zu belasten. Auch wenn man nicht genügend Darsteller hat, sind andere Aufstellungsobjekte sehr hilfreich! Schon die Größe, Form oder die Musterung der Kissen können wichtige Hinweise auf das geben, was ausgedrückt werden soll.

Arbeit mit Klötzchen

Klötzchen verwende ich, wenn ich mir einen genauen Überblick über ein System verschaffen möchte, also eine »Metaebene« einnehmen will. Ich kann dadurch das ganze Bild auf einen Blick erfassen, was bei Gruppenaufstellungen mit Menschen schwieriger ist. Mithilfe der Klötzchen fühle ich mich geistig in die verschiedenen Rollen ein und erhalte Bilder, die mich zur Lösung führen. Auch hier kann schon die Wahl von Farbe, Größe oder Form von Bedeutung sein und wichtige Hinweise geben.

Arbeit mit dem aufgezeichneten Familiengenogramm

Sehr oft stelle ich weder Kissen noch Klötzchen auf, sondern erarbeite mir das Lösungsbild direkt mithilfe des Familiengenogramms, das ich aufgezeichnet vor mir liegen habe. Es zeigt die Übersicht der Ahnenreihen bis zu fünf Generationen. Ich teste kinesiologisch nach, mit welchen Ahnen mein Klient verstrickt oder identifiziert ist, und erarbeite mir die notwendigen Sätze, bis alle Verstrickungen gelöst sind.

Emphatisches Einfühlen

Über das Aufstellen von menschlichen Darstellern oder Objekten kann ich mich emphatisch in die jeweilige Person oder Situation hineinfühlen. Jeder Mensch kann sich auf seine Weise in andere hineinversetzen. In meinem Fall ist es eine Mischung aus veranlagter Medialität und trainierter intuitiver Wahrnehmung. Ich stimme mich auf eine Person ein und kann nachempfinden, wie sie sich fühlt. Indem ich mich nach und nach in jede weitere Person, die mit im Aufstellungsbild steht, hineinversetze, kann ich auch erfassen, welche Gefühle oder Beziehungen die anderen Personen zueinander haben. Ist beispielsweise jemand wütend auf den Vater oder traurig wegen der Mutter? Die etwaigen Ursachen für diese Gefühle beziehe ich mit in das Bild ein und spüre dann erneut hinein, was das mit den einzelnen Personen macht. Wenn ich mich in Personen oder Klötzchen einfühle, dann kommen oft Worte oder ganze Sätze in mir hoch, die zu meinen Klienten gesprochen werden wollen. Das passiert auch den Darstellern in der Gruppenaufstellung, die plötzlich eine Eingebung oder das Bedürfnis haben, etwas mitzuteilen, weil sie ein Kanal für andere

Personen sind. Auf diese Weise kommen dann alte Gefühle, negative Glaubenssätze, Versprechungen und alles hoch, was es zur Lösung braucht. Die Seele selbst führt uns zur Lösung hin. Wenn es sich um ein früheres Leben handelt, so teste ich zuerst aus, ob mein Klient weiblich oder männlich war. Dann lasse ich dieses Leben bildlich auf mich wirken. Es läuft geistig wie ein Film vor mir ab. Manchmal geschieht dies so schnell, dass ich verbal kaum nachkomme, dies zu kommunizieren. Ich sehe, was passiert ist und was die beteiligten Personen noch aus einem früheren Leben miteinander zu verarbeiten haben. Aus diesen Bildern, die mir gezeigt werden, leite ich dann die notwendigen Lösungssätze ab, die das negative Karma in Heilung bringen.

Lösungssätze für den Klienten sprechen

Sobald ich in der Aufstellung eine Verstrickung erkannt habe, spreche ich aus der Position meines Klienten die notwendigen Lösungssätze aus und teste kinesiologisch nach, ob diese lösend wirken.

Jene Sätze, die gut wirken, gebe ich meinen Klienten später mit auf den Weg. Er oder sie spricht die Sätze dann zu Hause zu jener Person aus, mit der Verstrickungen zu lösen sind. Meistens empfehle ich, dies an drei verschiedenen Tagen zu wiederholen, damit sich die Lösungssätze bzw. deren Wirkung festigen können. Indem der Klient die Sätze mehrmals ausspricht, fühlt er sich befreit und wird eigenverantwortlich in sein Lösungsbild geführt.

Worte haben Macht, sie wirken!

FERNAUFSTELLUNG

Da ich als Buchautorin im gesamten deutschsprachigen Raum bekannt bin und meine Klienten daher sehr weit voneinander entfernt wohnen, bin ich in vielen Fällen auf Fernarbeiten angewiesen. Seit Jahren ist die Fernaufstellung sowie auch die Ausbildung über Skype ein Kernpunkt meiner Arbeit geworden. Es entspricht dem heutigen Zeitgeist, anstehende Probleme rasch und ohne großen Aufwand lösen zu können. Meine langjährige Fernarbeit hat sich gut bewährt und es hat sich gezeigt, dass nicht alles vor Ort stattfinden muss. An der Fernaufstellung schätze ich besonders, dass ich mich selber in alle Rollen hineinversetzen und die Gesamtsituation aus eigener Sicht erfassen kann. Es bringt das Beste in mir hervor, weil ich mich auf keinen anderen verlassen kann. Die positiven Rückmeldungen meiner Klienten und Schüler bestärken mich darin.

Ablauf einer Fernaufstellung

Es gibt zwei Möglichkeiten einer Fernaufstellung. Die eine findet in Anwesenheit meines Klienten (via Skype oder Telefon), die andere ohne ihn statt. In der Variante, die ich im Folgenden beschreibe, arbeite ich ohne meinen Klienten, aber natürlich in seinem Auftrag!

Fernaufstellung ohne Klient

Ich sehe mich als Vertreterin für meine Klienten und wähle intuitiv die Medien (Kissen oder Klötzchen) für die Darsteller aus. Dann platziere ich sie nach meinem inneren Gefühl. Bei der Arbeit mit Kissen stelle ich mich auf diese und fühle mich in die Rollen meines Klienten sowie die der anderen »Darsteller« ein, um zu spüren, wie es ihm oder ihr geht. Welche Veränderung fordert die Situation? Vom Platz des Aufstellers aus betrachtet, kann man die meisten Dynamiken gut erkennen. Um mir ein Gesamtbild zu verschaffen, stelle ich mich auch auf andere Darstellerplätze. Es kann hilfreich sein, Erlebtes von verschiedenen Plätzen aus zu bestätigen. Bei der Arbeit mit Klötzchen stelle ich das Bild ebenfalls intuitiv auf, fühle mich aber nur geistig in die verschiedenen Rollen ein. Auch bei dieser Form kann ich alle notwendigen Schritte, die zum Lösungsbild führen, erkennen. Das kinesiologische Austesten nach dem Muskeltestverfahren ist dabei ein wichtiges Hilfsmittel zur Überprüfung meiner inneren Wahrnehmung.

Fernaufstellung mit Klient

Die häufigere Variante ist jene, bei welcher mein Klient persönlich via Telefon oder Skype am Aufstellungsgeschehen teilnimmt. Hier ist der Ablauf einer Einzelaufstellung sehr ähnlich. Ich stelle die Klötzchen für meinen Klienten nach meinem Gefühl auf und teile mit ihm all meine Wahrnehmungen. Aus dem Bild und der Einfühlung in den Prozess schlage ich dann Lösungssätze vor und der Klient spricht diese aus. Ich teste auch hier wieder nach, ob die Sätze die Verstrickungen lösen. Es ist wichtig, meine Klienten am Ablauf des gesamten Aufstellungsprozesses teilhaben zu lassen. Erst wenn diese mit den von mir erlebten Bildern und Gefühlen in Berührung kommen, können sie sich besser damit identifizieren und fühlen sich gut wahrgenommen. Das Aussprechen der Lösungssätze verstärkt die persönliche Anteilnahme am Prozess.

INTUITION UND INNERE BILDER MEINER ARBEIT

Jeder Mensch verfügt über ein gewisses Maß an intuitiver innerer Wahrnehmung, die man nicht mit dem Verstand begründen oder erklären kann. Die einen haben Vorahnungen, andere haben in entscheidenden Situationen ihres Lebens einen sechsten Sinn. Da unsere Gesellschaft sehr wissenschaftlich orientiert ist und man anscheinend für alles belegbare Beweise benötigt, agieren wir Menschen vorwiegend aus unserer linken Gehirnhälfte heraus, welche den männlichen Anteil in uns repräsentiert und in dem die logisch-mathematischen, verstandesmäßigen Vorgänge kontrolliert werden. Die rechte Gehirnhälfte, die unseren weiblich-bildhaften, intuitiven Zugang zur Welt steuert, muss bei den meisten von uns noch mehr geschult werden, damit wir wieder lernen, ihr zu vertrauen, denn schon zu lange wird sie abgewertet und vernachlässigt. In den letzten Jahren haben sich neue Therapieformen entwickelt, welche sich vermehrt auf unsere weibliche Gehirnhälfte beziehen: Farbtherapie, Klangschalenmassage, Channeling, Reading, Aromatherapie und vieles mehr. Ich erlebe oft, dass meine Klienten über eine Fülle von inneren Bildern verfügen, diesen aber nicht vertrauen, weil sie vom logischen Verstand nicht sofort eingeordnet werden können. Wenn man sich diesen Bildern jedoch überlässt, können sie, wie bei einem Puzzle, einen größeren Zusammenhang offenbaren, der vieles, was zuvor völlig unklar war, dann verständlicher werden lässt.

Die intuitive Wahrnehmung während des Aufstellens

In meiner Arbeit habe ich über viele Jahre hinweg gelernt, meiner Intuition und meinen inneren Bildern zu vertrauen. Erst durch das Einlassen auf »das, was ist« kann sich das Lösungsbild zeigen. Die klassische Familienaufstellung wird vorwiegend als eine systemische Arbeit betrachtet, die Ordnung in das Ahnenbild bringt und ausgeschlossenen Personen wieder einen angemessenen Platz gibt. Das ist auch die Basis meiner Arbeit. Darüber hinaus lasse ich der Seele den Raum, mir Wichtiges zu offenbaren. Sehr oft habe ich mit belastenden Familiengeheimnissen zu tun, die ans Licht zu bringen ein enormes Einfühlungsvermögen erfordert. Vieles, was ich selbst oder die Darsteller während einer Aufstellung wahrnehmen, teste ich kinesiologisch auf seine Richtigkeit aus, denn es besteht immer die Gefahr, etwas ganz anders wahrzunehmen oder Eigenes hineinzuinterpretieren.

> Eine Aufstellung ist das Seelenbild des Aufstellers. Die meisten Aufstellungen sind mit dem Verstand gut nachvollziehbar. Es gibt aber auch Fälle, bei denen sich nicht immer alles sofort zuordnen lässt, was sich zeigt. Hier kommt es darauf an, die darin liegende Weisheit der Seele anzuerkennen, die sich erst später dem Verständnis offenbart.

Intuition lässt sich lernen

Jeder Mensch hat seine ganz eigene innere Wahrnehmungsfähigkeit. Daher sollte man sich nicht mit anderen vergleichen. Die einen sind hellfühlig, andere hellhörig oder hellsichtig. Bei der Hellsichtigkeit gibt es wiederum verschiedene Formen: Es gibt Menschen, die so gut in Maschinen oder technischen Geräten hineinschauen können, dass sie sofort die Ursache von Problemen erkennen können. Andere haben Wahrträume hinsichtlich ihrer Zukunft oder der anderer Personen. Ich persönlich kann sehr gut in frühere Leben schauen, was für meine Arbeit sehr hilfreich ist. Das war nicht immer so, es hat sich im Laufe der Jahre mehr und mehr entwickelt, weil ich meinen Bildern vertraut habe. Es kamen mit der Zeit immer mehr Bilder, die zu ganzen Filmen wurden. So gesehen würde ich die Frage, ob man intuitive Wahrnehmung erlernen kann, mit Ja beantworten. Viele meiner Schüler haben es auch gelernt. Manche von ihnen waren bereits hellsichtig, andere mussten das Vertrauen in ihre intuitive Wahrnehmung erst aufbauen, wieder andere alte Ängste vor der Öffnung ihres inneren Auges auflösen. Ich unterrichte in meinen Ausbildungen nicht nur ein systemisches Konzept, sondern lege sehr viel Wert darauf, die Intuition jedes Einzelnen zu fördern. Die intuitive Wahrnehmung ist ein unerlässliches Werkzeug dieser Arbeit!

Ich ersuche alle um Nachsehen, die meine Arbeit nicht nachvollziehen können. Es geht über unseren Verstand hinaus, denn ich kann meine Bilder nicht beweisen. Es verlangt sowohl meinen Klienten als auch Ihnen als Leser ein gewisses Maß an Vertrauen ab, all das, was ich schreibe, als real anzuerkennen. Bei meinen Klienten ist es einfacher. Wenn ich ihnen meine Bilder aus ihren früheren Leben mitteile, höre ich oft:

»Erzählen Sie mir jetzt von diesem Leben oder von einem früheren?« Vieles, was wir schon einmal erlebt und nicht aufgearbeitet haben, wiederholt sich in ähnlicher Form in unserem heutigen Leben, damit für dieses Thema jetzt endlich der Heilungsprozess beginnen kann. Es ist meist nicht der Verstand, der auf meine Worte reagiert, sondern die Seele selbst, die sich erinnert!

NEUE LÖSUNGSANSÄTZE
zur Befreiung aus Versprechungen, Schwüren, Gelübden und Seelenverträgen aus diesem und aus früheren Leben

Eine weitere neue Methode der »Integrativen Familienaufstellung« ist das Lösen von Versprechungen, Schwüren, Gelübden und Seelenverträgen aus diesem und aus früherem Leben. Ich habe im Folgenden eine Reihe von neuen Lösungssätzen zur Befreiung von verschiedensten Verstrickungen zusammengestellt. Da die notwendigen Lösungssätze sehr vielschichtig formuliert sein können, habe ich in meinem Auszug nur jene angeführt, die in meiner Praxis häufig vorkommen. Sollte der eine oder andere Lösungssatz Sie ansprechen, so können Sie diesen zur Lösung Ihrer eigenen Verstrickungen durch lautes oder innerliches Aussprechen zur jeweiligen Person oder Institution anwenden.

VERSPRECHUNGEN

Auflösen von Versprechungen

Bestimmte Probleme wie Geldmangel oder Kinderlosigkeit können darauf beruhen, dass wir in einem früheren Leben entsprechende Gelübde abgelegt oder Versprechungen gemacht haben. Ist dies der Fall, kann ich auch die damit zusammenhängenden Gefühle oder Glaubensmuster nicht loslassen, solange das Versprechen nicht gelöst wird. Unbewusst tragen wir eine Vielzahl von Versprechungen in uns, die wir unseren Eltern, Großeltern, Geschwistern, Partnern und anderen Personen aus diesem oder aus früheren Leben gegeben haben.

Beispiele für Versprechungen in der Partnerschaft:
»Ich verspreche dir, immer nur dich zu lieben und dir ewig treu zu bleiben.«
»Ich verspreche dir, mich immer verantwortlich für dich zu fühlen!«
»Ich verspreche dir, dich niemals zu verlassen!«
»Ich verspreche dir, nur von dir Kinder zu empfangen.«

Lösungssätze zum Auflösen von Versprechungen in der Partnerschaft:
»Ich löse mich von dem Versprechen, immer nur dich zu lieben und dir ewig treu zu sein, und gebe dich und mich jetzt frei für andere Partner.«
»Ich löse mich von dem Versprechen, mich immer verantwortlich für dich zu fühlen, und gebe dir jetzt die Verant-

wortung für dein Leben sowie deine Macht und Würde, es selber zu meistern, zurück.«

»Ich löse mich von dem Versprechen, dich niemals zu verlassen, und gebe dich und mich jetzt frei aus unserer Beziehung.«

»Ich löse mich von dem Versprechen, nur von dir Kinder zu empfangen, und gebe mich jetzt frei, auch von einem anderen Mann ein Kind empfangen zu dürfen.«

Beispiele für Versprechungen von Kindern ihren Eltern gegenüber:

»Ich verspreche euch, mich immer für das Gelingen oder Nichtgelingen eurer Beziehung verantwortlich zu fühlen.«

»Dafür, dass ich ins Leben kommen durfte, verspreche ich euch, immer auf eure Bedürfnisse zu schauen und nicht auf meine.«

»Ich verspreche euch, dass ich weder in der Liebe noch im Beruf erfolg haben werde, weil auch euch dies nicht gelungen ist.«

»Ich verspreche dir, Mama/Papa, dich niemals zu verlassen!«

Lösungssätze zum Auflösen solcher Versprechungen in der Eltern-Kind-Beziehung:

»Ich löse mich von dem Versprechen, mich immer für das Gelingen oder Nichtgelingen eurer Beziehung verantwortlich zu fühlen, und gebe euch die Verantwortung dafür zurück.«

»Ich löse mich von dem Versprechen, mich nur dann willkommen bei euch zu fühlen, wenn ich auf eure Bedürfnisse schaue und meine ignoriere. Bitte schaut freundlich auf mich, wenn ich mich von jetzt an voll und ganz um mich kümmere und die Verantwortung für eure Bedürfnisse bei euch lasse.«

»Ich löse mich von dem Versprechen, mir nicht zu erlauben, eine harmonische Partnerschaft und einen tollen Job zu haben, weil Ihr in dieser Hinsicht nicht so viel Glück hattet. Bitte schaut freundlich auf mich, wenn meine Partnerschaft gelingt und ich in meinem Beruf Erfolg habe. Ich danke euch.«

»Liebe Mama/lieber Papa, ich löse mich von dem Versprechen, dich niemals zu verlassen, und gebe mich jetzt frei für mein Leben.«

Als praktisches Fallbeispiel siehe Fall Nr. 13, »Vorsicht beim Geschlechtsverkehr!« – Die Angst, das Männliche in sich aufzunehmen. Auch in vielen anderen Fällen wird sichtbar, wie das Auflösen von Versprechungen einen wichtigen Beitrag zu einer guten Lösung darstellt.

SCHWÜRE UND GELÜBDE

Das Auflösen von Schwüren und Gelübden

Schwüre und Gelübde, die wir in unseren früheren Leben abgelegt haben, können sowohl negative als auch positive Aspekte haben. Es kann um Rache, ewige Liebe oder Feindschaft gehen. Bis heute werden Gelübde vor allem kirchlichen Institutionen gegenüber abgelegt. Immer wieder erlebe ich, dass meine Klienten noch ein Keuschheitsgelübde aus einem früheren Leben als Priester, Mönch oder Nonne in sich tragen, das sich blockierend auf ihr heutiges Sexualleben auswirkt. Auch ein kirchliches Ehegelübde muss bewusst aufgelöst werden, will man sich ganz aus der Beziehung lösen und frei für eine neue Partnerschaft sein!

Beispiele für Schwüre und Gelübde:

»Ich gelobe vor Gott, dir deine Frau/dein Mann zu bleiben, bis der Tod uns scheidet.«

»Ich schwöre euch, auf ewig treu zu sein und euch immer zu dienen.«

»Ich schwöre bei Gott, dich immer zu beschützen.«

»Ich schwöre, dass ich mich irgendwann bei dir rächen werde.«

Lösungssätze zur Auflösung von Schwüren und Gelübden:

»Ich breche jetzt mein Gelübde, das ich dir in einem früheren Leben gegeben habe, deine Frau/dein Mann zu bleiben, bis dass der Tod uns scheidet, und gebe dich und mich frei.«

»Ich breche jetzt den Schwur, euch auf ewig treu zu sein und euch immer zu dienen, und gebe mich frei für mein eigenes Leben. Die Verantwortung für euer Leben lasse ich jetzt bei euch. Alle Macht, Kraft und Würde, die ich einst an euch abgegeben habe, nehme ich jetzt wieder zu mir zurück. Wir sind jetzt gleichberechtigt und keiner ist dem anderen untergeordnet.«

»Ich breche jetzt den Schwur, dich immer zu beschützen, und gebe mich jetzt frei davon. Die Verantwortung, für deinen Schutz zu sorgen, gebe ich dir wieder zurück.«

»Ich breche jetzt den Schwur, mich auf ewig an dir/euch zu rächen, und lasse es jetzt gut sein zwischen uns.«

Beispiele für Gelübde, die man einst kirchlichen Institutionen gegenüber geleistet hat:

Sie stammen meist aus früheren Leben als Nonne oder Priester:

»Ich gelobe, immer nur Gott zu lieben!«

Auch wenn ein solches Gelübde vielleicht nicht in der Öffentlichkeit ausgesprochen wurde, sondern ausschließlich Gott gegenüber, kann es dennoch sein, dass es »Nachwirkungen« auf folgende Leben hat und sich in partnerschaftlichen Problemen äußert.

Ich gelobe euch und allen euren Nachfolgern Armut, Keuschheit und Gehorsam.

Ein solches Gelübde gegenüber einem Bischof oder dem Vorsteher eines Klosters beinhaltet nicht nur, der sexuellen Lust zu entsagen, sondern sich generell von den weltlichen Dingen sowie dem eigenen Willen zu distanzieren.

Lösungssätze zur Auflösung von Gelübden an kirchliche Institutionen:

»Ich breche jetzt mein Gelübde, immer und ausschließlich Gott zu lieben, und gebe mich jetzt frei für die Liebe zu allen Menschen.«

»Ich löse mich jetzt von meinem Keuschheitsgelübde, dem Körper, der sexuellen Lust und generell allen weltlichen Dingen zu entsagen, und erlaube mir von jetzt an wieder, meine menschlichen Bedürfnisse voll und ganz zu leben.«

Praktische Fallbeispiele siehe Fall Nr. 9, »Ich kann keinen Orgasmus bekommen«, Fall. Nr. 17, Der körperliche Schmerz als Schuldausgleich sowie Fall Nr. 24, »Es darf mir nicht gut gehen« – Die blockierte Lebenslust.

SEELENVERTRÄGE

Auflösen von Seelenverträgen

Bevor wir in ein neues Erdenleben inkarnieren, werden verschiedenste Seelenverträge vereinbart. Wir wählen uns dazu die Seelen jener Menschen aus, mit denen wir die für uns nötigen Lernerfahrungen meistern können. In diesem Sinne bestimmen wir, mit wem wir als Eltern, Kinder, Freunde oder Partner zusammenkommen, wie lange diese Beziehungen dauern sollen und wer welche Rolle spielt (z. B. Täter – Opfer, der gute Gönner oder der neidische Geizhals, die Eifersüchtige, der Nachtragende usw.). Wir haben in unserem Unterbewusstsein einen ungefähren Plan, was und wer uns in diesem

Leben erwartet. Wir sind innerlich bereits aufeinander aus-
gerichtet, treffen uns daher nicht zufällig, sondern aufgrund
einer lange vorher geplanten Vereinbarung, und erfüllen so
gut als möglich unsere Verträge. Allerdings sind diese nicht
unabänderlich! Da wir Menschen mit einem freien Willen
ausgestattet sind, besteht jederzeit auch die Möglichkeit, einen Vertrag abzuändern oder sogar frühzeitig zu beenden.
Die meisten Verträge werden im Sinne der damit verbundenen Lernerfahrung eingehalten, aber es kommt auch vor, dass
Menschen und Lebensumstände sich anders entwickeln, als
ursprünglich angenommen wurde.

Seelenverträge auf Partnerschaftsebene

Solche Vereinbarungen werden also nicht nur oder erst bei der
Eheschließung getroffen, sondern bereits vor der Inkarnation.
Ich erlebe Auflösungen von solchen Seelenverträgen eigentlich
nur dann, wenn einer der Partner beginnt, den anderen in
seiner Weiterentwicklung zu blockieren. Solche Trennungen
werden nicht leichtfertig vollzogen. Die meisten Menschen
spüren unbewusst, dass sie durch ein starkes Band mit ihrem
Partner verbunden sind, das sich nicht so leicht durchtrennen
lässt. Vieles wird vorher noch versucht, um die Beziehung zu
retten, bis früher oder später ein Partner endgültig das Hand-
tuch wirft. Doch ein klares Aussprechen der Trennung und
auch die Scheidung selbst löschen noch nicht den vereinbar-
ten Seelenvertrag! Monate oder Jahre nach einer Trennung bemerkt man, dass man immer noch nicht frei ist vom Expartner. Allein das bewusste Auflösen des alten Seelenvertrages
ermöglicht es, sich für eine neue Beziehung zu öffnen.

Lösungssatz zur Auflösung eines partnerschaftlichen Seelenvertrags:

»Ich löse mich jetzt aus unserem Seelenvertrag, als deine Partnerin ein ganzes Leben lang mit dir zusammenzubleiben, und gebe dich und mich jetzt frei. Diese alte Vereinbarung ist nicht mehr stimmig für mich, weil ich mich mit dir zusammen nicht mehr weiterentwickeln kann.«

Näheres dazu siehe Fall Nr. 15, »Zweifel an der Vaterschaft – Die verunsicherte Identität«.

Ungeborene Geschwister aus dem Mutterleib und ihre Bedeutung

Der Psychologe Dr. Norbert Mayer entdeckte durch seine Rückführungen in den Mutterleib, dass siebzig bis achtzig Prozent seiner Klienten im Mutterleib nicht allein gewesen waren. Viele von ihnen hatten durch Mehrfachbefruchtung noch ein bis fünf Geschwister, die jedoch in den ersten drei Schwangerschaftswochen abgestorben und deshalb nicht erkannt worden waren. Man könnte meinen, dass es in diesem frühen Zeitraum der pränatalen Phase noch keine bewusste Erinnerung in uns geben kann. Es wurde jedoch bewiesen, dass sich Menschen in einem tiefen Entspannungszustand bis zurück an ihre Empfängnis erinnern können. Sie sehen genau, was mit ihnen und um sie herum geschehen ist. Die Klienten von Dr. Norbert Mayer beschreiben den Verlust ihrer Geschwister im Mutterleib als sehr schmerzhaft bis traumatisch. Sie erleben zuerst die innige Nähe und Gemeinsamkeit und bald darauf die plötzliche Trennung durch den Tod der Geschwister.

Bei meinen Aufstellungen kann auch ich diese starke Verbundenheit und den damit einhergehenden Trennungsschmerz immer wieder beobachten. Oft zeigen meine Klienten Schuldgefühle ihren nicht geborenen Geschwistern gegenüber. Sie glauben, ihre Geschwister im Mutterleib verdrängt zu haben, und fühlen sich schuldig an deren Tod. Ich nenne die ungeborenen Geschwister »den seelischen Begleitservice«, da sie nur kurz mit ihren Geschwistern ins Leben kommen. Eine besonders starke Bindung ist zu erkennen, wenn man nur ein ungeborenes Geschwister hatte. Solche Zwillingsgeschwister bildeten eine Einheit, ohne den anderen fühlte man sich plötzlich unvollständig.

Viele meiner Klienten haben mir dieses Gefühl bestätigt, dass ihnen jemand im Leben fehlt. Häufig zeigt sich zwischen solchen Geschwistern auch eine karmische Verbindung aus früheren Leben. Sehr oft waren unsere ungeborenen Geschwister unsere früheren Partner. In solchen Fällen gilt es dann, alte Versprechungen aufzulösen, um frei zu werden für die Partnerschaft im gegenwärtigen Leben. Durch kinesiologisches Austesten weiß ich sehr schnell, ob es ungeborene Geschwister aus einer Mehrfachbefruchtung gegeben hat. Wenn es um einen ungeborenen Zwilling geht, ist es sehr wichtig, diesen aufzustellen, um den Verlust aufzuarbeiten und etwaige Verstrickungen zu lösen. Als praktisches Fallbeispiel siehe Fall Nr. 2, Guntrauds Wucherung auf der linken Niere – »Lieber Zwillingsbruder, du fehlst mir!«

Unerfüllbarkeit von Seelenverträgen

Es gibt Fälle, in denen es beim besten Willen nicht mehr möglich ist, ursprünglich vereinbarte Seelenverträge einzuhalten. Kann ein Vertrag nicht erfüllt werden, so muss man ihn lösen, um sich gegenseitig aus Schuld und Verantwortung freizugeben.

Beispiel für einen unerfüllbaren Seelenvertrag:
Marietta ist schon über ein Jahr von ihrem Expartner Gustav getrennt. Sie trauert ihm nicht mehr nach, spürt aber gleichzeitig, dass sie sich nicht wirklich für ihren neuen Partner Reinhard öffnen kann. Ich teste, dass sie von Gustav noch nicht frei ist. Beim Analysieren ihres gemeinsamen Seelenvertrages entdecke ich, dass sie mit ihm vereinbart hat, ihm dabei zu helfen, sich in seiner Spiritualität zu öffnen. Da Gustav während ihrer dreijährigen Beziehung Mariettas spirituelles Interesse bzw. ihre Bemühungen, ihn dafür zu interessieren, stets abgeblockt hat, konnte sie diesen Vertrag nicht erfüllen. Es bleibt ein unbewusstes Schuldgefühl ihm gegenüber, und sie erlaubt sich nicht, sich auf eine neue Beziehung einzulassen. Wir lösen diesen Vertrag mit folgenden Sätzen:

Lösungssatz zur Auflösung eines unerfüllbaren Seelenvertrages:
Marietta zu Gustav: »Lieber Gustav, ich löse mich jetzt aus unserem Seelenvertrag, dich zu deiner Spiritualität zu führen. Ich habe gehandelt, so gut ich konnte. Jetzt lasse ich die Verantwortung für deine spirituelle Entwicklung bei dir.«

Marietta ist erleichtert, und wir testen keine Schuldgefühle mehr bei ihr, sie ist jetzt frei für ihre neue Beziehung.

Ein weiteres Beispiel für einen unerfüllbaren Seelenvertrag:
Christina hatte mit Leon eine dreijährige Beziehung. Er war der Erste, mit dem sie sich vorstellen konnte, eine Familie zu gründen, und auch Leon hatte Pläne für eine gemeinsame Zukunft mit ihr. Da er jedoch zur Untreue neigte, trennte sich Christina von ihm. Heute, viereinhalb Jahre später, wünscht sie sich mit ihrem jetzigen Partner Randolf ein Baby. Es klappt nicht so richtig, und sie will mit meiner Hilfe herausfinden, ob es hinsichtlich ihres Kinderwunsches eine Blockade geben könnte. In der Einzelaufstellung zeigt sich, dass es einen Seelenvertrag mit Leon gibt, der besagt, dass beide eine Partnerschaft bis ans Lebensende und die Zeugung eines gemeinsamen Kindes vereinbart hatten. Christina ist innerlich noch an diesen Vertrag gebunden.

Auflösen des Seelenvertrages:
Christina zu Leon: »Lieber Leon, ich löse mich jetzt aus unserem Vertrag, mit dir ein Kind zu zeugen und bis an mein Lebensende mit dir zusammenzubleiben. Ich gebe mich und dich jetzt frei davon.«

Christina ist zuversichtlich, dass sie jetzt ihr Baby von Randolf empfangen kann.

WEITERE HILFREICHE LÖSUNGSSÄTZE

**Beispiele für die Lösung von Glaubenssätzen,
die man von Institutionen übernommen hat:**

»Alle negativen Glaubenssätze, die ich von der Institution …
(genau benennen) übernommen habe, dass Sexualität und
Lust und der Körper etwas Schmutziges sind, wofür man
sich schämen muss, gebe ich jetzt wieder zurück.«

»Ich löse mich von dem Glaubenssatz, dass Sexualität einzig und allein zur Zeugung von Kindern gedacht ist.«

»Ich löse mich von allen Glaubenssätzen, welche die Sexualität betreffen, und gebe mich von nun an der körperlichen Lust und Freude und den weltlichen Vergnügungen
wieder hin. Es ist alles gottgegeben und zu meiner Freude
bestimmt.«

**Beispiele zum Lösen von übernommenen
Leidensvorstellungen:**

»Ich löse mich aus der Glaubensvorstellung, dass das Leben der Menschen als Nachfahre von Adam und Eva ein
Sündenfall ist, für den ich mich schuldig fühlen muss. Ich
sehe mein Leben als einen Lernprozess in der Dualität von
Gut und Böse, für den ich mich freiwillig entschieden
habe, und übernehme die Verantwortung für diese Entscheidung. Beide duale Erfahrungen bringen mich in meine Ganzheit und zurück in die göttliche Einheit.«

Lösungssätze zur Integration
abgegebener Macht und Kraft:

»Alle Macht und Kraft, die ich an die Institution … (namentlich genau benennen) abgegeben habe, nehme ich jetzt wieder zu mir zurück.«

»Ich löse mich von den Ge- und Verboten, die von dieser Institution erteilt werden, und vertraue wieder meiner eigenen inneren, göttlichen Führung.«

»Ich selbst bin ein Kanal Gottes.«

Aus Zeiten der Inquisition bzw. Hexenverfolgung sind vor allem Frauen noch an erzwungene Versprechungen gebunden, nie wieder ihre Wahrheit zu sprechen und ihrer inneren Weisheit und Heilkraft abzuschwören.

Lösungssätze für die Zurücknahme
abgespaltener weiblicher Anteile:

»Sämtliche Macht, Kraft und Würde als Frau, die ich an die Institution … (genau benennen) abgegeben habe, nehme ich jetzt wieder voll und ganz zu mir zurück.«

»Ich löse mich jetzt von folgenden selbst auferlegten Versprechungen:

»Ich werde nie wieder sehen.« (betrifft physisches Sehen und Hellsichtigkeit)

»Ich werde nie wieder fühlen.« (körperlich, emotional und Hellfühligkeit).

»Ich werde nie wieder meine Wahrheit sprechen.« (meist blockiertes Halschakra)

»Ich bin nicht würdig, Priesterin zu sein.«

Positive Umformulierungen zur Integration abgespaltener weiblicher Anteile:

»Ich erlaube mir wieder, voll und ganz meine seherische Gabe zu nutzen und öffne mein drittes Auge der Hellsichtigkeit in dem Maße, wie es im Moment gut ist für mich.«

»Ich erlaube mir wieder zu fühlen. Ich bin jetzt sicher in meinem Körper und gestehe mir zu, alles wahrzunehmen, was meine Seele zeigen möchte, egal ob andere es verstehen oder nicht.«

»Ich erlaube mir wieder, meine innere Wahrheit voll und ganz zum Ausdruck zu bringen.«

»Ich löse mich von der übernommenen Vorstellung, dass Gott männlich ist.«

»Ich erkenne in Gott die männliche und weibliche Kraft und erlaube der weiblichen göttlichen Kraft, sich wieder in mir zu manifestieren.«

»Ich erlaube mir wieder, die Fähigkeiten der Priesterin in mir zu integrieren. Ich bin es wert, als Frau ein Kanal Gottes und Würdenträgerin zu sein.«

Lösungssätze zur Auflösung schwarzmagischer Bindungen

Viele Menschen hatten Inkarnationen als »schwarzmagische Lehrer« oder als deren Schüler. Meistens sind die alten Bindungen an dieses Leben mit den damit verbundenen Versprechungen noch nicht gelöst.

»Ich löse mich jetzt aus allen Versprechungen und Bündnissen, der schwarzmagischen Macht und Kraft zu dienen.«

»Ich löse mich von meinem(r) Lehrer(in) und nehme alle

Macht und Kraft zu mir zurück, die ich an ihn/sie abgegeben habe. Ich bin nicht mehr dein(e) Schüler(in).

»Ich löse mich von dem Versprechen, meinem/meiner
Lehrer/Lehrerin Energie von mir abzugeben, wenn er/sie
es von mir verlangt.«

»Ich bedanke mich für alles, was ich bei meinen Lehrern
lernen durfte, und lasse es jetzt gut sein.«

»Als ehemaliger schwarzmagischer Lehrer gebe ich jetzt
alle meine Schüler, die energetisch noch an mich gebunden sind, frei. Ihr seid jetzt selbst eure eigenen Meister
und braucht keine Energie mehr an mich abzugeben.«

Folgende Sätze haben sich bei der Zurücknahme der eigenen
schöpferischen Macht und Kraft bewährt, sodass die Angst,
diese erneut zu missbrauchen, losgelassen werden konnte:

»Ich verbinde meine Macht und Kraft jetzt mit meinem
Herzen und stelle sie in den Dienst des großen Ganzen.
Ich diene von nun an dem Licht und der Liebe.«

FLÜCHE

Auflösen von Flüchen

Aus tiefem Ärger, aus Trauer oder Eifersucht ausgesprochene Flüche können über Generationen hinweg wirken. Flüche
wirken jedoch nur dann, wenn der davon Betroffene ein damit
in Resonanz gehendes Schuldgefühl in sich trägt, andernfalls
kann ihn der Fluch nicht treffen.

Beispiele für ausgesprochene Flüche:

»Ihr sollt ewig Verstoßene sein und nirgendwo mehr eine Heimat finden!«

»Niemals sollt ihr eigene Kinder gebären!«

»Ihr sollt immer vom Unglück verfolgt sein!«

»Die Pest soll euch heimsuchen.«

Lösungssätze zur Auflösung solcher Flüche:

»Ich befreie euch jetzt von meinem Fluch, dass ihr nirgendwo mehr eine Heimat finden solltet, und segne den Boden unter euren Füßen. Ihr dürft eure Heimat wieder betreten!«

»Ich breche jetzt den Fluch, den ich über euch gelegt habe, niemals eigene Kinder zu haben, und segne die Geburt eurer Nachkommen.«

»Ich breche jetzt den Fluch, den ich über euch gelegt habe, immer vom Unglück verfolgt zu sein, und wünsche euch, dass Ihr das Glück im Leben findet.«

»Ich breche jetzt den Fluch, den ich über euch gelegt habe, dass euch die Pest heimsuchen soll, und segne eure Gesundheit im Leben.«

Lösung für Betroffene, auf denen ein Fluch lastet:

Für jene Menschen, die glauben, ein Fluch sei auf sie gefallen, ist es ratsam, diesen in der Aufstellung genau zu definieren und zu lösen, indem das damit verbundene Schuldgefühl erkannt und losgelassen wird.

Es gibt Leute, die eine Sache so brennend und so entschieden wünschen, dass sie aus Furcht, sie zu verfehlen, nichts zu tun vergessen, was den Erfolg verhindern muss.

Jean de La Bruyère, Die Charaktere

UNERFÜLLTER KINDERWUNSCH

Ursachen aus diesem und aus früheren Leben

Immer wieder kommen Paare zu mir, um sich anzuschauen, warum der schon lange gehegte Kinderwunsch nicht in Erfüllung geht. Auch aus eigener Erfahrung kenne ich das Problem sehr gut. Nicht nur Frauen über 40, sondern auch viele junge Paare sind betroffen. Als Basis stelle ich zunächst immer die Ursprungsfamilien beider Partner auf. Sehr oft finden sich hier ursächliche Verstrickungen mit den Ahnen, die den Kindersegen blockieren.

Mögliche Ursachen für einen unerfüllten Kinderwunsch im Ahnen- und Familiensystem

- Verstrickungen mit Verstorbenen belasten die Kraft und Erdung für den eigenen guten Platz im Leben. Unbewusste Schuldgefühle gegenüber früh Verstorbenen blockieren das lebenspendende Prinzip in uns.
- Wenn eine Ahnin bei der Geburt eines Kindes gestorben ist, können übernommene Verlustängste sowie Gefühle von Todesangst und Trauer die Fähigkeit blockieren, sich auf die Zeugung beziehungsweise die spätere Geburt einzulassen.
- Das Schicksal unfruchtbarer Ahnen wird von Nachgeborenen wiederholt. Man erlaubt sich innerlich nicht, fruchtbar zu sein.
- Verachtung gegenüber den Männern kann deren Zeugungskraft schwächen.

- Mütter wurden mit ihren Kindern von den Vätern im Stich gelassen.
- Alte Schuldgefühle gegenüber eigenen abgetriebenen Kindern verhindern, dass einem späteren Wunschkind ein guter Stand im Leben erlaubt wird. »Wenn ihr nicht kommen durftet, dann darf euer Geschwister auch nicht im Leben sein.«
- Frau und Mutter zu sein, wurde zu wenig geachtet. Man identifiziert sich mit einer Ahnin, die mit ihrer gering geachteten Rolle als »Hausfrau« gehadert hat, und kann es nun selbst nicht wertschätzen.
- Aufgrund von vorausgegangenen belastenden Erfahrungen wie Demütigung oder Missbrauch kann die eigene Rolle als Frau und Mutter nicht angenommen werden.
- Zugunsten eines behinderten oder benachteiligten Geschwisters wird auf das eigene Lebensglück verzichtet.
- Mutterschaft und Beruf lassen sich nicht miteinander verbinden – man verzichtet auf die Mutterschaft, um den Beruf erhalten zu können.
- Übernommene belastende Glaubenssätze der Ahnen blockieren die Befruchtung bzw. Schwangerschaft: Angst vor dem Gefühl, als Schwangere vom Mann im Stich gelassen zu werden, Angst vor einer Fehl- oder Totgeburt, Angst, bei der Geburt zu sterben und vieles mehr. Die belastenden Dynamiken aus unserer Ursprungsfamilie können vielschichtig sein. Wenn ein Lösungsbild erarbeitet wurde, erhält das Paar von den Ahnen den Segen für ihre Fruchtbarkeit. Aus meiner Praxis siehe dazu Fall Nr. 26, »Ich achte den Verlust deiner Kinder«.

Kinderwunsch und frühere Leben

Wie sich sehr oft zeigt, untergraben nicht nur familiendyna-mische Ursachen den Kinderwunsch, sondern auch Bilder und Gefühle aus früheren Leben. Abgespeicherte Erinnerun-gen an unsere Mutter- oder Vaterrolle in früheren Leben prä-gen unbewusst unsere Einstellung zu eigenen Kindern. Nicht verarbeitete traumatische Erfahrungen können dabei eine so starke Blockade bilden, dass sie unsere Bemühungen, schwan-ger zu werden, zum Scheitern bringen.

All dies betrifft sicher viele Frauen – doch wie gesagt: Wenn all diese Erfahrungen aus früheren Leben richtig verarbeitet wurden, müssen sie nicht zwangsläufig zu Unfruchtbarkeit führen.

Mögliche Ursachen für unerfüllten Kinderwunsch aus früheren Leben

- Traumatische Erfahrungen im Zusammenhang mit Schwan-gerschaft und Geburt: Man selbst ist beim Gebären oder das Kind bei der Geburt gestorben.
- Das Kind wurde einem nach der Geburt weggenommen.
- Die Erfahrung, dass man als Frau mit dem Kind immer wieder im Stich gelassen wurde.
- Kinder wurden zu oft abgetrieben oder immer wieder weg-gegeben, man fühlt sich den früheren Kindern gegenüber zu schuldig, um im jetzigen Leben Kinder zu behalten.
- Zur Zeit der Hexenverbrennungen wurden auch Frauen verbrannt, die schwanger waren. Man bezichtigte viele Heilerinnen, sie seien mit dem Teufel im Bunde und ihre

Kinder ein Produkt des Satans. Solch eine traumatische Erfahrung kann große Ängste hinsichtlich einer Schwangerschaft hervorbringen.

Von den vielen verschiedenen, aus früheren Leben stammenden Ursachen, die Frauen daran hindern, sich auf Zeugung und Schwangerschaft einzulassen, habe ich hier nur jene aufgeführt, die in meiner Praxis immer wieder vorkommen.

Mögliche Ursachen für einen unerfüllten Kinderwunsch auf körperlicher Ebene

Nicht alles lässt sich auf geistiger Ebene lösen, aber hinter jedem Symptom steht auch ein psychisches Thema. Daher muss es nicht unbedingt nur eine biologische Ursache haben, wenn sich beispielsweise die Chemie des männlichen Spermas nicht mit der der weiblichen Gebärmutterschleimhaut verträgt. Das muss nicht unabänderlich sein. Es lohnt sich, ähnlich wie bei Krankheiten, hinter die körperliche Symptomatik zu blicken.

Im Praxisteil ab Seite 105 werden Sie von zahlreichen Fällen hören, in denen es um unerfüllten Kinderwunsch geht. Durch eine Aufstellung kann man die ursächlichen Probleme beleuchten und diese sehr oft auch zu einer Lösung führen. Ich möchte betonen, dass eine Aufstellung von körperlichen Blockaden bei unerfülltem Kinderwunsch keinen Ersatz für eine ärztliche Diagnose und Behandlung bildet. Sie ist vielmehr als eine wertvolle Ergänzung und Unterstützung zu sehen.

Kinder müssen wir werden,
wenn wir das Beste erreichen wollen.

Philipp Otto Runge, Nachgelassene Schriften

DAS INNERE KIND IN UNS

Als Erweiterung der klassischen Familienaufstellung beinhaltet die »Integrative Familienaufstellung« auch die Arbeit mit dem Inneren Kind.

Was ist das Innere Kind?

Das Innere Kind in uns ist ein Bild für das spontane, natürliche Kind, das wir alle einmal waren. Es entspricht unserem innersten Wesenskern. Es kommt beispielsweise in unserem Lachen, Staunen, in unserer Kreativität und Spontaneität zum Ausdruck. Durch Erziehung und gesellschaftliche Einflüsse wie Schule oder Kirche wird unsere Kindheit geprägt. Wenn wir dabei zu viele Einschränkungen, Bestrafungen oder Verletzungen erlebt haben, entwickelt sich aus einem fröhlichen, unbefangenen ein verletztes oder/und angepasstes Kind. Als Erwachsener sind wir durch diese Prägungen konditioniert, und sie bestimmen maßgeblich unser Leben. In unseren Beziehungen, unserem Beruf oder in unserer eigenen Familie wiederholen wir viele vertraute Muster aus unserer Kindheit, weil jenes Innere Kind, das, was damals verletzt oder schlecht behandelt wurde, immer noch in uns lebt und agiert.

Was beinhaltet die Arbeit mit dem Inneren Kind?

Bei der Arbeit mit dem Inneren Kind geht es um Heilung von negativen Kindheitserlebnissen und Glaubensmustern, die sich belastend auf unser heutiges Leben auswirken. Wer in seiner Kindheit sehr viel Ablehnung erfahren hat und anderen nie etwas recht machen konnte, der will später, als Erwachsener, nichts mehr mit seinem Inneren Kind zu tun haben, weil es ganz offensichtlich nicht liebenswert ist. Das führt zur Übernahme jenes strengen Eltern-Ich-Anteils in uns, also dazu, dass die elterlichen Negativbewertungen über uns selbst übernommen wurden. Anstatt in der Anklage- und Opferhaltung zu bleiben, geht es darum, Eigenverantwortung für die Heilung dieser Wunden zu übernehmen. Ein wichtiger Aspekt besteht darin, Eigenliebe und Selbstannahme zu entwickeln, anstatt von der Liebe der Eltern, Partner und anderer Bezugspersonen abhängig zu bleiben. Wer sein Leben eigenverantwortlich und selbstbestimmt führen möchte, muss sich aus der Abhängigkeit von den Eltern, insbesondere aus der emotionalen Abhängigkeit, lösen. Wird dieser Schritt nicht vollzogen, bleiben wir in der Angepasstheit: »Ich werde von meinen Eltern und meinem Partner nur geliebt und anerkannt, wenn ich dieses oder jenes tue.« Wenn ich auf diese Liebe und Anerkennung angewiesen bin, weil ich sie mir selbst nicht geben kann, kann ich mein Leben nicht nach meinen eigenen Vorstellungen verwirklichen (siehe Fall Nr. 8, »Ich will mich kreativ verwirklichen«).

Wie Sie für Ihr Inneres Kind gut sorgen können

Klienten, die in ihrer Kindheit massiv verletzt oder miss-braucht wurden, empfehle ich, sich eine Puppe zu besorgen, die ihr Inneres Kind symbolisiert. Ich habe persönlich sehr gute Erfahrungen damit gemacht. Über die Puppe kann das Innere Kind im Außen sichtbar und spürbar gemacht werden. Man kann die Puppe im Arm halten und liebevoll mit ihr sprechen. Wenn man ihr einen gut sichtbaren Platz im Wohn-bereich gibt, wird man täglich daran erinnert, die eigenen in-neren Bedürfnisse wahrzunehmen. Wer einen guten Kontakt zu ihr aufgebaut hat, kann bereits bei ihrem Anblick erkennen, wie es ihr geht und was sie braucht. Wer sich intensiver mit der Heilung des Inneren Kindes beschäftigen möchte, dem kann ich das Buch »Das Kind in uns« von John Bradshaw ans Herz legen. Es beinhaltet viele Übungen, die es uns ermöglichen sollen, das Innere Kind wieder in unser Herz zu nehmen.

Aufstellungsarbeit mit dem Inneren Kindes

Zum Persönlichkeitsaspekt des Ichs unseres Inneren Kindes werden meist noch zwei weitere innere Anteile in die Aufstel-lung mit einbezogen:

Das Erwachsenen-Ich = der heutige Erwachsene in uns.
Das Eltern-Ich = der Bereich, der von unseren Eltern geprägt wurde.

Wie wir von unseren Eltern geprägt wurden

Bei der Arbeit mit diesen drei Anteilen kann man sehr gut erkennen, welcher Persönlichkeitsanteil unser Leben am stärksten lenkt und wie alle übrigen Anteile miteinander in Beziehung stehen. Es zeigt sich in solchen Aufstellungen, dass viele Menschen vom Ich ihres Inneren Kindes abgeschnitten sind. Sie haben oft nur wenig oder gar keine Beziehung zu ihm, weil ihnen das Kindsein nicht erlaubt war. Schon in frühester Kindheit musste zu viel an Verantwortung übernommen werden. Eigene kindliche Bedürfnisse wurden von den Eltern zu wenig wahrgenommen und erfüllt, sodass man quasi gelernt hat, sich selbst nicht wichtig zu nehmen. Stattdessen waren solche Kinder für die Bedürfnisse ihrer Eltern verantwortlich, mussten dafür aber oft selbst bedürfnislos bleiben.

> Wer als Kind nicht erlebt hat, körperlich und emotional gut versorgt zu werden, der wird sich als Erwachsener schwertun, seine eigenen Bedürfnisse zu erkennen und zu befriedigen.

In der Aufstellung dürfen negative Glaubenssätze über uns selbst, die wir von Eltern oder anderen Bezugspersonen übernommen haben, zurückgegeben werden. Manche Glaubenssätze sind aus Situationen entstanden, in denen das Kind Entbehrungen oder Verletzungen erdulden musste, und können durch das bewusste Erkennen aufgelöst werden.

Beispiele für negative Glaubenssätze:

»Ich bin nicht gut genug.« – »Ich muss perfekt sein!« (aus übernommenen Perfektionsansprüchen)

»Das schaffe ich nicht, dafür bin ich zu dumm!« (projizierte Abwertung)

»Ich bin es nicht wert, geliebt zu werden.« (aus emotionaler Vernachlässigung)

»Ich bin schuld, dass meine Eltern heiraten mussten/sich so oft streiten ….« (übernommene Schuldprojektion)

»Ich werde nur geliebt, wenn ich …

… auf meine Bedürfnisse verzichte.«

… mich immer für alles schuldig und verantwortlich fühle.«

… ein vorbildliches Kind bin.«

… meine negativen Gefühle unterdrücke.«

… genügend leiste.«

Anstelle solcher negativen Glaubenssätze können dann im Laufe der Aufstellung positive Selbstbewertungen in uns verankert werden. Während der Aufstellung haben Sie die Möglichkeit, Ihr Inneres Kind in die Arme zu schließen und ihm zu sagen, wie wichtig und wertvoll es für Sie ist! Man sagt seinem Inneren Kind dann all das, wonach es sich schon immer gesehnt hat.

Beispiele für das Verankern positiver Glaubenssätze:

»Ich genüge mir so, wie ich bin.«

»Ich liebe mich so, wie ich bin.«

»Ich darf auch Fehler machen.«

»Ich habe alle Voraussetzungen, meine Ziele im Leben zu verwirklichen.«

»Ich bin es wert, geliebt zu werden, so wie ich bin.«

Wir alle sehnen uns nach bedingungsloser Liebe, danach, einfach angenommen zu werden, so, wie wir sind.

Der erste Schritt dazu ist, zu lernen, sich selbst liebevoll anzunehmen und für sich selbst jene Eltern zu sein, die man sich gewünscht hätte.

Das Innere Kind und frühere Leben

In erster Linie prägt uns unser jetziges Leben in unserem Selbstwert und der Fähigkeit, uns anzunehmen. Dass wir uns für dieses Leben vielleicht keine so rosige Kindheit gewählt haben, hängt unter anderem mit karmischen Schuldgefühlen aus früheren Leben zusammen. Sehr oft zeigt sich, dass beispielsweise Personen, die eine Kindheit erlebt haben, in der sie sehr unterdrückt wurden, in einem früheren Leben selbst sehr mächtige Herrscher waren, die ihre Macht missbraucht haben. Im heutigen Leben will man daher die Rolle des Unterdrückten erfahren und somit Ausgleich schaffen. Auch Menschen, die in früheren Leben sehr selbstzentriert und egozentrisch waren, sind zum Ausgleich im heutigen Leben auf die Bedürfnisse anderer Menschen konzentriert und arbeiten oft in helfenden, caritativen Berufen oder im Dienstleistungsbereich. Wenn der Lernprozess vollzogen ist und auch das andere Extrem erlebt bzw. erlitten wurde, pendelt sich das Leben im weiteren karmischen Verlauf wieder ein, sodass sich beide Extreme die Waage halten. Es darf um mich *und* die anderen gehen, ich darf herrschen – du aber auch (siehe Fall Nr. 10, »Frei sein für die eigene Familie – Die übernommene Macht und Kraft des Vaters«).

Erkenne dich selbst.
Wer sich erkennen kann,
trifft in sich oft mehr
als einen Menschen an.

Daniel Czepko von Reigersfeld,
Sexcenta Monodisticha Sapientium

FALLBEISPIELE AUS DER PRAXIS

Allgemeines

Dank meiner Klienten ist es mir möglich, im Folgenden zahlreiche konkrete Fälle aus der Praxis darzustellen. Inhaltlich habe ich jene Themen gewählt, von denen sehr viele Menschen betroffen sind. Die Fälle werden nach persönlicher Zustimmung anonym dargestellt, alle Namen und das Alter wurden geändert. Um die genaue Vorgehensweise der »Integrativen Familienaufstellung« darzustellen, habe ich den Fall Nr. 1 in seiner Gesamtlänge wiedergegeben. Da eine solche ausführliche Schilderung für alle Fallgeschichten zu umfangreich wäre, fasse ich bei allen weiteren Fällen die wichtigsten Schritte und Ergebnisse meiner Arbeit zusammen.

»Ich habe Angst vor meinen Kunden« –
Der Schuld- und Sühneausgleich

Einzelaufstellung

Gerlinde S. ist 44 Jahre alt, selbstständig, geschieden und hat zwei Kinder aus erster Ehe.

Frau Gerlinde S. kommt zu einer Einzelaufstellung zu mir nach Hause. Sie wirkt sehr hilflos, als sie mir ihr Problem schildert:

B = Beraterin | K = Klientin

K: »Ich habe Angstzustände! Auf dem Weg in mein Geschäft würde ich mich am liebsten an allen Menschen, die ich sehe, mit gesenktem Blick vorbeischleichen. Es ist mir peinlich, wenn mich jemand anredet, ich möchte auch keine Kunden im Geschäft bedienen müssen. Es ist eine sehr unangenehme Situation für mich, weil ich auf den Verkauf angewiesen bin und mir gleichzeitig wünsche, dass kein Kunde das Geschäft betritt. So kann es nicht weitergehen, ich muss eine Lösung finden!«

B: »Wie lange haben Sie diese Ängste schon?«

K: »Seit ungefähr zwei Monaten.«

B: »Gab es eventuell ein Ereignis, das diese Ängste ausgelöst haben könnte?«

K: »Nicht direkt, aber wie Sie wissen, kämpfe ich schon längere Zeit mit mir, das Geschäft zu verkaufen. Es ist finanziell für mich nicht mehr tragbar, obwohl ich beinahe meine gesamte Zeit in meinen Beruf investiere.«

B: »Haben Sie solche Ängste schon früher erlebt?«

K: »Nein, nicht in dieser Form, das ist das erste Mal.«

B: »Sind Sie damit einverstanden, Frau S., dass ich mich in Ihre Rolle hineinfühle, um mir ein Bild Ihrer Situation zu machen?«

Einzelaufstellung mit Kissen

K: »Ja gerne, soll ich ein Kissen für mich auswählen? Brauchen Sie sonst noch etwas?«

B: »Ja, bitte ein Kissen für Sie und eines für das, was Ihnen Angst macht.«

Vermerk: K. wählt zwei Kissen und legt sie schräg zueinander in Position, ich nehme ihre Rolle ein.

B: (Der Klientin meine Wahrnehmung beschreibend): »Ich sehe mich mit gesenktem Kopf in einer kellerähnlichen kleinen Nische stehen. Es ist dunkel um mich, es verbinden mich nur ein paar feine Schlitze mit der Außenwelt. Draußen sehe ich Menschen stehen, mit starrem Blick zeigen sie in meine Richtung, ich spüre Schamgefühle hochsteigen.«

K: »Ja so fühle ich mich, das trifft es ziemlich genau!«

B: Mit Blick auf das andere Kissen (= das, was Angst macht): »Das Kissen wirkt sehr hell, ich sehe Menschen, die im Licht stehen, die sehr erfolgreich sind und ihr Leben mit Kraft und Freude leben. Es scheint mir, als ob alle im Licht sein dürfen außer mir, ich spüre Trauer in mir aufkommen.«

K: »Ja, dieses Gefühl kenne ich gut.« Die Klientin wirkt betroffen und weint.

B: »Bitte legen Sie mir mithilfe eines weiteren Kissens die Ursache für Ihr Gefühl, ausgeschlossen zu sein, dazu.«

K legt ein weiteres Kissen in hellem Gelb vor mich hin.

B: (Mein Bild beschreibend): »Ich sehe mich als König in einem wunderschönen Palast« (es dürfte sich um ein *früheres Leben* meiner Klientin handeln). Ich stelle mich auf das Kissen, um noch mehr Informationen zu erhalten. Mein Körper nimmt automatisch die Haltung eines Königs ein. »Ich bin für die Gestaltung meines Palastes mit neuen Kunstgemälden beschäftigt. Meine Aufmerksamkeit dreht sich um mich selbst und die schöngeistigen Dinge.«

K: »Wissen Sie, das erinnert mich an meinen Vater, er war so ein Typ Mann. Er hat uns ein riesiges Haus gebaut mit allem Drum und Dran. Er hatte einen gewissen Hang zum Größenwahn.«

B: »Das mag sein, nur stehe ich hier für Sie selbst, nicht für Ihren Vater. Auch Sie dürften damals eine Neigung zu Größe und Luxus gehabt haben.«

K lacht und meint: »Ja, auch mein erster Mann hatte ein großes, schönes Haus, in dem wir gelebt haben, aber durch die Scheidung habe ich es dann verloren. Auch das Haus, das mein Vater für uns gebaut hatte, fiel später einem Konkursverfahren zum Opfer.«

B: »Bitte geben Sie mir noch ein weiteres Kissen, damit ich sehe, was dann geschehen ist.«

Vermerk: K. legt noch ein dunkles Kissen dazu.

B: »Ich kann in diesem Kissen das Volk sehen, es wirkt geknechtet, es blutet, symbolisch gesprochen. Sein König scheint ihm das Land und somit seine Existenzgrundlage zu entziehen.«

Ich stehe immer noch am Kissen des Königs und kann auch empfinden, dass ihm das Volk wie Pöbel erscheint, der ihn wenig kümmert. Er ist zu sehr mit sich selbst beschäftigt.

Vermerk: Ich ersuche Frau S., sich selbst auf das Kissen des Volkes zu stellen und sich in dieses Bild einzufühlen.

K: »Dieses Gefühl kenne ich gut. Ich kämpfe um die Existenz – ein sehr aussichtsloser Kampf!«

B: »Es scheint mir wie ein Schuld-Sühneausgleich zu sein, dass Sie sich in diesem Leben die Rolle des blutenden Volkes auserwählt haben. Was meinen Sie zu all dem, was sich bisher gezeigt hat?«

K: »Ja, ich schäme mich so in letzter Zeit. Ich habe Angst, dass die Menschen mit dem Finger auf mich zeigen. Das Ganze ergibt schon Sinn – aber wie komme ich da heraus?«

Lösung des früheren Lebens

B: »Ich schlage vor, dass Sie sich innerlich als der König, der Sie damals waren, vor Ihrem Volk verneigen und um Verzeihung dafür bitten, dass Sie ohne Mitgefühl gehandelt haben.«

Wir bitten die Christuskraft gemeinsam um Unterstützung, damit Licht, Liebe und Vergebung in ihr früheres Leben und für das damals leidende Volk einfließen dürfen. Frau S. verneigt sich vor dem Kissen, das das Volk darstellt, und bemerkt, dass sie eine Last auf ihren Schultern liegen spüre.

B.: »Ich bitte Sie, diese Last jetzt abfließen zu lassen und sich selbst für Ihr damaliges Handeln zu vergeben.«

K: »Es wird jetzt leichter und heller um mich.«

B: »Auch für mich fühlt sich das Volk jetzt sehr friedlich an. Wenden Sie sich jetzt bitte dem König, der Sie waren, zu, und nehmen Sie dieses Kissen jetzt zu sich, um auch Ihren macht- und kraftvollen Persönlichkeitsanteil wieder zu integrieren – jetzt aber in Verbindung mit dem Volk« (ich gebe Frau S. das Kissen des Volkes dazu), »um Ihre Macht von nun an mit Liebe und Mitgefühl zu leben. Damit Sie nicht nur an sich, sondern auch an Ihre Untergebenen denken.«

K: »Das fühlt sich gut an, sehr harmonisch. Wissen Sie, ich bin seit kurzer Zeit Mitglied einer Organisation, bei der ich mir nebenberuflich durch den Verkauf von Produkten etwas dazuverdienen kann. Dabei geht automatisch ein Teil des Gewinnes an eine soziale Einrichtung wie zum Beispiel Krebshilfe, Kinder in Afrika und Ähnliches.«

B: »Das klingt nach einer wunderbaren Möglichkeit für einen karmischen Ausgleich!«

K: »Das finde ich auch. Ich verstehe jetzt meine Motivation und die Zusammenhänge viel besser, die mich zu dieser Organisation gebracht haben.«

B: »Wie fühlen Sie sich im Moment? Spüren Sie noch Ängste? Und wie geht es Ihnen mit Blick auf die Menschen, die jetzt alle im Licht stehen?« (Ich zeige in Richtung Kissen.)

Auswirkung der Lösungsschritte

K: »Ich fühle mich wieder stark, die Scham ist weg. Ich kann jetzt neben den anderen im Licht stehen.«

B: »Wie geht es Ihnen bei dem Gedanken, auf andere zuzugehen und ihnen etwas zu verkaufen?«

K: »Es stresst mich nicht mehr, ich kann jetzt wieder aus mir herausgehen und handeln. Wodurch ist das jetzt um so viel leichter geworden?«

B: »Es dürfte Ihre zurückgewonnene Macht und Kraft des Königs sein, die Ihnen wieder erlaubt, schöpferisch zu sein und zu handeln. – Wie nehmen Sie sich wahr?«

K: »Ich fühle mich aufrechter, spüre mehr Selbstwert, mehr Würde in mir.«

B: »Wenn ich Ihnen jetzt Ihr Geschäft dazustelle, wie nehmen Sie es wahr?«

Vermerk: Ich lege ein Kissen, das das Geschäft darstellen soll, vor meine Klientin.

K: »Ich schaue eher daran vorbei. Es stimmt schon lange nicht mehr für mich, dort hineinzugehen und meine Energien dort zu vergeuden. Ich nehme im Moment mehr mich selbst wahr mit dem Bedürfnis, es mir gut gehen zu lassen und meine Weiblichkeit mehr zu betonen. Das habe ich schon lange nicht mehr so richtig gemacht. Ich denke, dass sich für das Geschäft jetzt bald eine Lösung finden wird, vielleicht ein Käufer. Ich habe diesbezüglich in zwei Wochen einen Termin.«

B: »Ja, ich glaube, dass sich die Beendigung dieses alten Schuld-Sühne-Programms sehr positiv auf Ihr Geschäft auswirken wird. Halten Sie mich bitte auf dem Laufenden, wie es sich weiterentwickelt.«

K: »Ja, das werde ich ganz sicher. Ich fühle mich im Moment sehr gut, hoffentlich kann ich das gute Gefühl länger halten.«

B: »Bestimmt, Sie haben alles Nötige dazu getan.«

Rückmeldung nach zwei Wochen

Frau Gerlinde S. ruft mich an, um mir mitzuteilen, dass sich ihre Ängste, die sie in ihrem Geschäft hatte, vollkommen gelöst haben. Der Verkauf fällt ihr wieder leichter. Sie kann auf ihre Kunden zugehen, ohne schlechte Gefühle zu haben.

A. Pohlmann

FALL NR. 2

Guntrauds Wucherung auf der linken Niere – »Lieber Zwillingsbruder, du fehlst mir!«

Einzelaufstellung

Guntraud H. ist 26 Jahre alt, ledig und hat keine Kinder.

Guntraud wirkt sehr erschöpft, als sie in meine Praxis kommt. Sie erzählt mir von ihrer Wucherung auf der linken Niere. Es wurde ihr angeraten, es so bald wie möglich operieren zu lassen. Es ist ihr wichtig, sich die psychischen Ursachen dieser Wucherung ansehen und vermutet, dass es mit der engen Wohnsituation im Haus ihres Freundes zusammenhängt. Sie und ihr Partner teilen sich mit seinen Eltern und seiner Schwester einen gemeinsamen Wohnbereich.

Kissenplatzierung

Nachdem wir als Basis die Dynamik in ihrer Herkunftsfamilie besprochen haben, bitte ich sie, ein Kissen für sich, eins für ihren Partner, eins für ihre Wucherung und eins für die gemeinsame Wohnsituation aufzulegen. Sie legt ein farbenfrohes Kissen mit blauen Rosen für die Wucherung rechts neben sich, das Kissen für ihren Partner in einiger Entfernung von sich selbst und eins für die Wohnsituation gegenüber von ihr.

Einfühlung

Da es für die Klientin selbst schwierig ist, die verdeckten Dynamiken von ihrem Platz aus zu erkennen, biete ich mich als ihre Darstellerin an.

B. an Guntrauds Platz: »Ich spüre, dass mir jemand fehlt, und erkenne das Kissen, das für die Wucherung steht, als meinen ungeborenen Zwillingsbruder aus einer Mehrfachbefruchtung. Ich freue mich sehr, ihn wahrzunehmen, alles andere interessiert mich im Moment nicht.«

Ich bitte jetzt Guntraud, sich selbst auf ihren Platz zu stellen. Inzwischen teste ich kinesiologisch nach, ob meine Wahrnehmung hinsichtlich des Zwillingsbruders stimmig ist. Es zeigt sich ein eindeutiges Ja beim Armlängentest (siehe »Kinesiologisches Austesten«, Seite 61).

Guntraud auf ihrem Platz: Sie wirkt sehr bewegt und sagt: »Mir hat immer schon jemand gefehlt, ich habe mich auf dieser Welt oft so allein gefühlt!«

Da Zwillinge sehr intensiv miteinander verbunden sind, schlage ich Guntraud vor, mit dem Thema in eine Gruppenaufstellung zu gehen, damit sie ihren Zwillingsbruder als menschliches Gegenüber wahrnehmen kann. Guntraud ist einverstanden, sie wirkt gelöster, weil sie die Wucherung nicht mehr als etwas Bedrohliches erlebt, sondern als etwas ihr Vertrautes.

Fortsetzung beim offenen Abend in der Gruppe

Diesmal bitte ich Guntraud, nur sich selbst und ihren ungeborenen Zwillingsbruder aufzustellen. Sie stellt beide wieder eng nebeneinander, ihren Bruder an ihre rechte Seite (= Partnerseite).

Darstellerin für Guntraud: Sie wirkt glücklich und traurig zugleich, während sie ihren Zwillingsbruder mit den Worten umarmt: »Du hast mir so gefehlt, endlich hab' ich dich wieder!«

Darsteller für Zwillingsbruder: Umarmt voller Freude seine Zwillingsschwester wie nach einer ewigen Trennung. Guntraud beobachtet die Szene und weint. Ich bitte sie dann, sich an ihren Platz zu stellen, um die Nähe zu ihrem Bruder selber zu spüren. Erst wenn diese innige Nähe zugelassen wird und sie ihren Zwillingsbruder wieder in ihr Herz nehmen kann, ist eine Loslösung von ihm möglich. Es dauert eine Weile, bis die beiden sich aus ihrer innigen Umarmung lösen.

Lösungssätze

Guntraud zum Zwillingsbruder: »Lieber Bruder, nur mit dir bin ich ganz, du gehörst dazu. Ich gebe dir jetzt einen guten Platz in meinem Herzen, dort gehst du mir nicht mehr verloren. Unsere Verbindung bleibt auch über deinen Tod hinaus bestehen. Ich gehe jetzt in mein Leben, bitte schau freundlich auf mich, dass ich auch gut alleine weiterleben kann. Bitte bleibe mein Schutzpatron, und segne mich für mein weiteres Leben.«

Zwillingsbruder zu Guntraud: »Ich segne dich aus meiner Welt und werde immer für dich da sein, wenn du mich brauchst!«

Ich bitte *Guntrauds Zwillingsbruder,* noch folgenden Lösungssatz zu seiner Schwester zu sprechen: »Ich gebe dich jetzt frei für dein Leben und für die Männer, denen du fortan begegnen wirst!«

An dieser Stelle, wo es um Guntrauds zukünftige Beziehungen zu Männern geht, kommt er ins Stocken. Dies ist für mich ein Hinweis darauf, dass es sich nicht nur um eine Bruder-Schwester-Beziehung handelt, sondern dass es früher schon partnerschaftliche Verbindungen zwischen den beiden gegeben hat.

Lösungssatz zur Klärung der früheren Leben als Partner

Guntraud zum Zwillingsbruder: »Ich löse jetzt alle alten karmischen Verstrickungen zwischen uns und gebe dich und mich frei von allen Versprechungen und Verträgen, die uns als Partner aneinandergebunden halten.«

Der Zwillingsbruder zögert noch ein wenig, ist aber dann auch bereit, die alte partnerschaftliche Bindung mit der Gewissheit zu lösen, dass sie sich nach Guntrauds Tod wiedersehen werden; bis dahin soll Guntraud frei sein. Guntraud kann sich auch nur langsam vom Bruder lösen. Sie wird noch eine Zeit brauchen, um die Loslösung von ihrem Zwillingsbruder zu verarbeiten.

Rückmeldung ein Jahr später

Guntrauds Leben hat sich seit unserer letzten Sitzung sehr verändert. Sie erzählt mir, dass sie sich vor zwei Monaten von ihrem Freund getrennt hat und jetzt in eine andere Stadt gezogen ist. Es geht ihr mit der Veränderung gut.
Guntraud: »Das war schon dringend notwendig!«
Die Wucherung auf der linken Niere hat sie sich vor einem halben Jahr entfernen lassen. Als paarig angeordnetes Organ steht die Niere im menschlichen Körper für Partnerschaft: Alte Beziehungsstrukturen haben sich in Guntrauds Leben durch die Operation (Ablösung vom Zwillingsbruder und der anschließenden Trennung von ihrem Partner) geklärt. Jetzt beginnt für Guntraud ein neuer Lebensabschnitt.

Der Weg ins eigene Leben –
Befreiung aus Fremdbestimmung und Sklaverei

Fernaufstellung

Frau Gabriele S. ist 44 Jahre alt, verheiratet und Mutter von zwei Kindern.

Gabriele war schon zur Einzelarbeit in meiner Praxis, weil sie sich von ihrem Mann räumlich trennen will. Er verhält sich ihr und den Kindern gegenüber sehr aggressiv. Sie sah sich mehrmals gezwungen, in ein Frauenhaus zu flüchten. Das will sie sich selbst und den Kindern nicht mehr zumuten. Ihr Sohn leidet bereits unter Hörproblemen, weil er die Streitigkeiten der Eltern ausblenden will. Sie hat mittlerweile eine eigene Wohnung für sich und die Kinder gefunden. Ihr Mann weiß nichts davon. Gabriele: »Ich habe große Angst, ihm zu sagen, dass ich mit den Kindern ausziehen werde. Er wird sicher sehr wütend reagieren und versuchen, mich daran zu hindern.« Sie bittet mich, in einer Fernaufstellung zu schauen, wann der beste Zeitpunkt wäre, in die neue Wohnung zu ziehen.

Fernaufstellung mit Kissen

In der Fernaufstellung nehme ich ein Kissen für Gabriele, eins für ihren Mann und eins für die neue Wohnung, die sie zum Anfang des nächsten Monats gemietet hat.

Einfühlung in Gabriele: Ich spüre, dass mir der Mut fehlt, den Schritt in die neue Wohnung zu tun, obwohl ich innerlich bereits auf dem Absprung bin. Ich fürchte mich vor meinem Mann und davor, dass er wieder mit Wut reagiert und mich nicht gehen lässt.

Einfühlung hin zum Ehemann: Ich spüre, dass er mich als seinen Besitz wahrnimmt, über den er verfügen möchte, wie es ihm gefällt. Er möchte mich nicht gehen lassen.
Ich lege ein weiteres Kissen zwischen die beiden, um zu erkennen, woher Gabrieles Angst und ihre Unfähigkeit, selbst über ihr Leben zu bestimmen, herrühren.

Gabriele als Sklavin in einem früheren Leben

Einfühlung auf den neuen Platz: Ich sehe Gabriele in einem früheren Leben als schwarz-afrikanische Sklavin mit gesenktem Kopf dastehen. Ihr Wille ist völlig gebrochen. Sie hat die Selbstbestimmung und die Verantwortung für ihr Leben an ihren damaligen Master (der ihr heutiger Ehemann ist) abgegeben. Sie dient ihm mit ihrer Arbeitskraft, für die sie mit Nahrung entlohnt wurde. Ansonsten hat sie keinerlei Rechte.

Auswirkungen auf ihr jetziges Leben

Gabriele kann noch nicht in ihre eigene Freiheit gehen. Sie trägt noch immer das alte Gefühl in sich, Eigentum eines anderen zu sein, dem sie zu gehorchen hat. Sie darf nicht selbst über ihr Leben entscheiden.

Lösungssätze zur Klärung ihres früheren Lebens als Sklavin

Als *Gabrieles Stellvertreterin* sagte ich zu ihrem Mann: »Ich nehme jetzt alle Macht, Würde und Freiheit und die Verantwortung für mein Leben, die ich damals an dich abgegeben habe, wieder zu mir zurück. Ich bin jetzt bereit, die Verantwortung für mich selbst zu übernehmen. Du bist frei von der Verantwortung für mich. Ich bin nicht mehr deine Dienerin und Sklavin, ich bin nicht dein Besitz. Ich löse hier und jetzt alle Verstrickungen und Versprechungen aus jenem Leben. Ich kann jederzeit meiner Wege gehen. Ich gehöre nur mehr mir selbst, und ich alleine bestimme über mein Leben. Ich gebe mich jetzt frei aus jeglicher Versklavung. Ich erlaube mir, in völliger Freiheit zu leben!«

Nachbesprechung

Unmittelbar nach der Fernaufstellung teile ich Gabriele mit, dass es jetzt um den Prozess der Befreiung aus alten Opfer- und Sklavenrollen geht, darum, wieder die Verantwortung für ihr eigenes Leben zu übernehmen. Sobald sie dies geschafft hat, wird sie den Umzug in ihre neue Wohnung gut schaffen. Ich empfehle ihr eine Einzelsitzung, um sie dahin gehend zu unterstützen. Weiterhin gebe ich ihr die oben angeführten Lösungssätze mit auf den Weg, die sie bis zu unserer nächsten Sitzung dreimal pro Woche im Geiste aussprechen und verinnerlichen soll.

Rückmeldung zwei Monate später

Gabriele ist in ihre erste eigene Wohnung gezogen. Sie sagt: »Solange mein Mann mich nicht liebevoller behandelt, werde ich nicht mehr zu ihm zurückgehen.« Die Kinder leben vorerst bei ihr.

»Ihr habt mich im Stich gelassen« – Der Weg in die eigene Lebenskraft

Fernaufstellung

Frau Heidrun K. ist 56 Jahre alt, verwitwet und Mutter eines Sohnes.

Heidrun hat bei mir bereits ihre Ursprungsfamilie und ihre Gegenwartsfamilie in Einzelarbeit aufgestellt. Ihr Vater ist seit Kurzem wegen eines Herzinfarktes im Krankenhaus. Sie kümmert sich permanent um ihn. Da ihre Pension sehr knapp bemessen ist, hat er ihr seine finanzielle Unterstützung zugesagt. Durch den Herzinfarkt ist er jedoch in seinem verbalen Ausdruck eingeschränkt und kann somit auch ihre finanzielle Unterstützung nicht organisieren. Seit ungefähr zwei Wochen leidet Heidrun an einem – wie sie es ausdrückt – »Seelenschmerz«.
Heidrun: »Ich bin traurig und habe das Gefühl, versagt zu haben.«
Da sie relativ weit entfernt wohnt, bittet sie mich, mittels Fernaufstellung genauer auf die psychischen Ursachen ihres Schmerzes zu schauen.

Fernaufstellung mit Kissen

Ich lege ein Kissen für Heidrun, eins für ihren Seelenschmerz und eins für ihren Vater.

Einfühlung in Heidrun: Ihr Seelenschmerz scheint sich voll und ganz auf ihren Vater zu beziehen. Gleichzeitig zieht mich eine Energie zurück nach hinten. Ich drehe mich um und spüre einen Mann, der an mir zerrt. Mein erster Impuls in der Darstellerrolle ist, dass dies Heidruns Mann sein könnte, der sich das Leben genommen hat. Beim Nachtesten erhalte ich hierfür die Bestätigung.

Vermerk: Ich kann mich noch an eine von Heidruns letzten Aufstellungen erinnern, in der es um Probleme in ihrem gegenwärtigen Leben ging. In dieser war es damals sehr schwer für sie gewesen war, ihrem Mann zu verzeihen. Er hatte sich einige Jahre zuvor das Leben genommen und sie und ihren Sohn allein zurückgelassen. Sie musste sich damals sehr bemühen, ihn vor dem Sohn nicht schlechtzumachen.
Ich lege noch ein Kissen für ihren verstorbenen Mann dazu.

Einfühlung bei Heidrun: Ich spüre, dass ich immer noch wütend auf meinen verstorbenen Mann bin und ihm noch nicht vergeben habe. Dadurch binde ich ihn an mich, und er kann nicht in Frieden gehen. Ich lege noch ein Kissen dazu für das, was es braucht, um ihm verzeihen zu können.
Ich erkenne darin die Bilder eines früheren Lebens mit ihm.

Heidrun ließ ihren verstorbenen Mann in einem früheren Leben im Stich

Einfühlung bei Heidrun: Er war auch damals mein Partner. Er war gewalttätig, und ich hatte große Furcht vor ihm. Als er wegen eines Diebstahls verurteilt wurde und ins Gefängnis musste, habe ich mithilfe eines Freundes, der sehr einflussreich war, dazu beigetragen, dass er nicht vorzeitig entlassen wurde. Obwohl ich ihm durch meinen einflussreichen Freund hätte helfen können, habe ich ihn im Stich gelassen. Plötzlich spüre ich Schuldgefühle! Es zeigt sich, dass dieser Freund mein jetziger Vater ist.

Auswirkungen auf das jetzige Leben von Heidrun

So wie Heidrun ihren Mann damals im Stich gelassen hat, hat auch er sie und ihren Sohn durch seinen frühzeitigen Tod im Stich gelassen. In diesem Leben musste sie erfahren, wie es ist, betrogen zu werden.

Lösung des früheren Lebens

Einfühlung bei Heidrun: Ich bin nun bereit, Heilung und Vergebung in dieses vorige Leben fließen zu lassen, und bitte meinen verstorbenen Mann um Verzeihung für das, was ich ihm angetan habe. Dann wende ich mich wieder meinem Vater und meinem mit ihm verbundenen Seelenschmerz zu. Zwischen mich und meinen Vater lege ich ein weiteres Kissen für das, was es braucht, um diesen Schmerz in mir ursächlich erkennen und heilen zu können.

In diesem Kissen sehe ich Ereignisse, durch die ich mich gemeinsam mit dem Mann, der im jetzigen Leben mein Vater ist, im Laufe mehrerer Leben schuldig gemacht habe. Eines davon ist jenes Leben, in dem wir meinen verstorbenen Mann gemeinsam im Stich gelassen haben. Ich spüre, dass es an der Zeit ist, für das, was ich in meinen früheren Leben getan habe, Verantwortung zu übernehmen, damit ich jetzt, in diesem Leben, nicht länger die Opferrolle auf mich nehmen muss – denn mein Vater hat mich ja im jetzigen Leben finanziell im Stich gelassen. Erst jetzt kann ich erkennen, welch ein Geschenk die beiden Männer mir bereitet haben. Es wird mir klar, dass es von nun an darum geht, in meine eigene Kraft zu kommen – und vor allem in die eigene Unabhängigkeit! Da mir dies bewusst wird, löst sich der Seelenschmerz. Ich habe nicht mehr das Gefühl, ein armes Opfer des Schicksals zu sein, das nicht gut genug ist, Geschenke und Unterstützung zu erhalten. Ich fühle mich kraftvoller!

Nachbesprechung

Abschließend vermittle ich Heidrun meine Wahrnehmung, dass es offensichtlich darum geht, beide Männer im Vertrauen loszulassen, weil sie mittlerweile gelernt hat, es auch gut allein, ohne die finanzielle Hilfe ihres Vaters zu schaffen.
Heidrun: »Ich war sehr gefordert durch den frühzeitigen Tod meines Mannes und konnte mir selbst beweisen, was in mir steckt und ich als alleinerziehende Mutter alles schaffen kann.« Sie kann sehr gut annehmen, was sich in den Bildern gezeigt hat. Ich gebe ihr noch folgende Lösungssätze mit:

Lösungssätze zur Klärung des früheren und des heutigen Lebens

Heidrun zu ihrem verstorbenen Mann: »Ich verzeihe dir, dass du so früh gegangen bist. Bitte verzeih du mir, dass ich dich im damaligen Leben ebenfalls im Gefängnis im Stich gelassen habe. Ich habe nicht zu dir gestanden, ich hatte große Furcht vor dir und konnte nicht anders handeln. Ich übernehme meinen Teil der Verantwortung für alles, was zwischen uns war, deinen Teil der Verantwortung lasse ich bei dir. Ich übernehme von nun an die Verantwortung für mein Leben, und du bist frei davon. Ich habe es auch ohne dich geschafft, es hat mich stark gemacht.«

Ich ersuche Heidrun, aus ihrem Herzen Heilung und Vergebung in dieses Leben fließen zu lassen.

Rückmeldung elf Monate später

Heidrun: »Mein Vater ist letzte Weihnachten verstorben, ich habe mit ihm noch viele Stunden im Pflegeheim verbracht. Wir haben zusammen geweint und gelacht und sind uns wieder nähergekommen! Sie haben mir sehr geholfen. Ich habe zusätzlich noch eine Traumatherapie gemacht, in der sich viel alter Schmerz gelöst hat. Auch meine Gefühle meinem verstorbenen Mann gegenüber belasten mich nicht mehr, das ist alles weit weg von mir.«

FALL NR. 5
Der mangelnde Geldfluss –
Die Konkurrenz mit dem Vater im früheren Leben

Fernaufstellung

Markus I.. ist 32 Jahre alt, verheiratet und hat zwei Kinder.

Markus ist im Bereich der körperlichen Energieheilung tätig. Er ruft mich an und klagt darüber, dass er zu wenig Klienten und damit zu geringe Einnahmen hat. Er bittet mich um eine Fernaufstellung, um die Ursache hierfür zu erkennen und mit ihm zu lösen.

Fernaufstellung mit Klötzchen

Ich stelle Klötzchen für Markus, für den mangelnden Geldfluss sowie die dafür verantwortliche Blockade ins Bild. Im Geldfluss erkenne ich, dass dieser bereit wäre, sich in Markus Richtung zu bewegen, dass dessen mangelnder Selbstwert dies aber nicht zulässt.
Durch kinesiologisches Austesten zeigt sich die Mutter als Ursache für den geringen Selbstwert.

Lösungssätze für Markus

Markus zu seiner Mutter: »Liebe Mama, dein Gefühl, als Frau nicht genug wert zu sein, gebe ich dir in Liebe wieder zurück. Bitte schau freundlich auf mich, wenn ich mich als

Mann jetzt wertvoll fühlen darf, auch wenn du es als Frau nicht konntest. Ich danke dir!«

In Bezug auf die Mutter zeigt sich noch eine partnerschaftliche karmische Verstrickung aus einem früheren Leben. Da es nicht wichtig scheint, dieses Leben genauer zu beleuchten, lösen wir die Bindung mit folgenden Sätzen:

Lösungssätze zur Klärung des früheren und heutigen Lebens

Markus zu seiner Mutter: »Liebe Mama, ich löse hier und jetzt alle partnerschaftlichen karmischen Verstrickungen zwischen uns und alle Versprechen, die ich dir gegeben habe, nur dich zu lieben und dir ewig treu zu sein. Ich gebe dich und mich jetzt frei davon. Ich bin nicht mehr dein Partner, ich bin dein Sohn und nehme dich als meine Mama in mein Herz. Der Papa ist der einzig richtige Partner für dich, nicht ich, ich bin euer Kind.«

Markus zu seinem jetzigen Vater: »Lieber Papa, du bist Mamas Partner, nicht ich. Du gibst, und ich nehme, du bist der bessere Partner für Mama.«

Auswirkungen seines früheren Lebens auf seine Vaterbeziehung und seinen derzeitigen Geldfluss

Die Figur des Vaters steht in der Familienaufstellung für Selbstverwirklichung, Orientierung im Leben und somit auch für Erfolg bzw. den damit verbundenen Geldfluss. Wer seinen Vater nicht in sein Herz nehmen kann, wird in diesem Bereich wahrscheinlich mit Blockaden zu kämpfen haben. So auch Markus, dem es aufgrund früherer Leben nicht möglich war, seinen Vater anzunehmen.

Als ich kinesiologisch nachteste, ob jetzt all das, was seinen Geldfluss behindert, gelöst ist, zeigt sich eine weitere Blockade aus einem früheren Leben, die es ihm erschwert, seinen Vater anzuerkennen.

Eifersucht auf den Bruder bzw. Rivalität um den Vater in einem früheren Leben

Markus und sein heutiger Vater waren damals Geschwister. Er war der jüngere Bruder und musste immer um seinen Platz kämpfen, weil der ältere Bruder beim Vater beliebter war als er. Markus gab seinem älteren Bruder die Schuld dafür, dass er so wenig von seinem Vater hatte. Er verachtete seinen Bruder und versuchte, ihn kleiner zu machen, um selbst größer und stärker zu wirken. Er wollte nicht immer der Unterlegene sein. Markus erzählt mir später, dass er auch heute noch die Tendenz hat, sich seinem Vater gegenüber größer zu machen und ständig mit ihm konkurriert.

Lernerfahrung für Markus

Als ich nachfrage, was Markus aus dieser Erfahrung zu lernen hat, kommt mir folgende Erkenntnis: Er musste damals wie heute lernen, benachteiligt zu werden, um den eigenen Wert nicht an äußerer Zuwendung zu messen, sondern diesen aus sich selbst zu schöpfen.

Lösungssätze zur Klärung des früheren und des aktuellen Lebens

Markus zum heutigen Vater (der damals sein Bruder war): »Lieber Vater, ich nehme jetzt alles zu mir zurück, was ich an Macht, Würde und Stärke damals an dich abgegeben habe, weil ich dachte, du wärest der Bessere von uns beiden. Ich höre auf, mich an dir zu messen, und erkenne meinen eigenen Wert. Jetzt bist du nicht mehr mein großer Bruder, sondern mein Vater. Du bist okay, so wie du bist, und ich bin auch okay, so wie ich bin. Danke für mein Leben. Du bist der einzig richtige Vater für mich, und ich bin wie du und dennoch anders. Ich nehme dich jetzt in mein Herz als meinen Vater, und du darfst mich als deinen Sohn haben. Bitte segne und stärke mein Mann- und Vatersein sowie meinen beruflichen Erfolg, auch wenn ich mein Einkommen anders verdiene als du. Ich anerkenne deinen Beruf und deine Wertvorstellungen, bitte achte auch du meine. Ich danke dir!«

Nachbesprechung

Markus kann die Aufstellungsbilder gut nachvollziehen und wird die Lösungssätze so lange für sich aussprechen, bis er ein inneres Gefühl der Lösung in sich verspürt.

Rückmeldung ein Jahr später

Markus erzählt: »Es geht mir sehr gut. Ich habe inzwischen ein festes Arbeitsverhältnis, das sehr gut bezahlt wird. Mit meinem Einkommen bin ich jetzt sehr zufrieden. Da ich von der Energiearbeit nicht mehr leben muss, fällt der finanzielle Druck für mich weg, und ich habe genügend Klienten.«

»Mein Partner kann sich nicht öffnen« – Die Angst vor Machtverlust

Einzelaufstellung

Sandra N. ist 34 Jahre alt, ledig und hat noch keine Kinder.

Sandra kommt zu einer Nachbesprechung ihrer Ursprungsfamilienaufstellung, die vor einem Monat stattgefunden hat. Sie erzählt: »Es geht mir sehr gut, viele meiner Selbstwertprobleme haben sich gelöst. Die Mobbing-Situation auf meinem Arbeitsplatz hat sich entschärft. Ich werde von meinem Chef und meinen Kollegen mehr geschätzt und geachtet. Besonders gefreut hat mich, dass mich meine Mutter nach 30 Jahren erstmals angerufen hat und wir uns auf einen Kaffee getroffen haben. Sie war sehr interessiert an der Aufstellung, die ich bei dir gemacht habe.«

Sandra ist sehr berührt, weil sie ein derart gutes Verhältnis zu ihrer Familie nicht gekannt hat. Das Einzige, was sie noch belastet, ist die langjährige Beziehung zu ihrem Freund Christian. Sie leben seit vier Monaten getrennt, Sandra liebt ihn noch immer und kann ihn nicht wirklich aufgeben.
Sandra: »Ich glaube, dass ihn seine Familiensituation blockiert und daran hindert, sich mir voll und ganz zu öffnen. Ich möchte mir die Situation mit ihm noch einmal ansehen.«

Einzelaufstellung mit Kissen

Sandra legt ein Kissen für sich und eins für Christian auf.

Einfühlung auf Sandras Platz: Es geht mir sehr gut. Mit einem Blick zu Christians Kissen fühle ich mich ein, wie es wäre, wenn er sich mir voll und ganz öffnen würde. Es kommt Furcht in mir auf.

Ich bitte Sandra, noch ein Kissen dazuzulegen, um zu erkennen, woher diese Furcht kommt.

Einfühlung auf Sandras Platz: Bei einer nochmaligen Einfühlung auf Sandras Platz kann ich ihre Angst davor erkennen, die Macht und Kontrolle über die Beziehung zu verlieren. Beim kinesiologischen Testen zeigt sich, dass diese Angst von Sandras Großmutter väterlicherseits stammt. Sandra legt Kissen für beide Großeltern mit ins Bild. Am Platz ihrer Großmutter spüre ich, dass der Großvater der Boss in der Familie ist und sie immer nur das ausführt, was er für richtig hält. Sandra löst sich aus der übernommenen Rolle ihrer Großmutter mit folgenden Sätzen:

Lösungssätze

Sandra zu ihrer Großmutter: »Liebe Oma, dass für dich die Männer die Führungsposition und das Sagen in der Beziehung haben, lasse ich in Liebe jetzt wieder bei dir. Auch dein Gefühl, als Frau zu wenig wert zu sein, um gleichwertig in deiner Ehe mitzubestimmen, gebe ich dir nun wieder zurück. Bitte schau freundlich auf mich, wenn ich mich ab jetzt als Frau in der Beziehung gleichwertig fühlen darf und meine Macht nicht an meinen Partner abgeben muss.«

Am Platz der Großmutter: »Liebe Sandra, ich freue mich, wenn du als Frau gleichwertig neben deinem Partner stehen kannst, und ihr gemeinsam euer Leben bestimmt.«

Sandra, die an ihrem eigenen Platz die Segnung empfängt, fühlt sich sehr erleichtert und bedankt sich bei ihrer Oma. Ich stelle mich noch einmal an Sandras Platz, um zu sehen, was sich in der Beziehung zu Christian verändert hat. An ihrem Platz habe ich das Bedürfnis, ihm zu sagen, dass ich meine Macht und Kraft innerhalb unserer Beziehung nicht an ihn abgeben werde. Beim kinsesiologischen Nachtesten zeigt sich noch eine Blockade, die mit einem früheren Leben zusammenhängt:

Sandra war Christians Mutter in einem früheren Leben

Ich bitte Sandra, noch ein Kissen für dieses frühere Leben zu legen. Darin erkenne ich, dass Sandra zu jener Zeit Christians Mutter war. Ich sehe auch, dass Christian von seinem damaligen Vater sehr gequält wurde. Der Grund dafür war, dass dieser nicht der richtige Vater war, sondern Sandra ihm den Sohn eines anderen Mannes untergeschoben hat.

Sandra legt mit einem weiteren Kissen den eigentlichen Vater dazu und löst die Verstrickungen mit folgenden Sätzen auf:

Lösungssätze zur Klärung des früheren Lebens

Sandra zum damaligen Partner (dem sie ihren Sohn unterge-schoben hat): »Was ich getan habe, tut mit leid. Ich hatte keine andere Wahl.«

Sandra zum eigentlichen Vater: »Du bist in Wahrheit sein Va-ter. Ich gebe dir jetzt die Verantwortung für deinen Sohn wieder zurück. Es tut mit leid, dass ich dir nie gesagt habe, dass du sein Vater bist.«

Sandra atmet tief durch, sie fühlt sich erlöst, weil sie sich jetzt von diesem Geheimnis befreien kann.

Auswirkungen auf ihr jetziges Leben

Sandra erzählt mir, dass sie gefühlsmäßig alles auffängt, was Christian an Streitigkeiten mit seinen Eltern zu klären hätte.
Sandra: »Ihnen gegenüber wehrt er sich nicht und lässt dann seine Frustration an mir ab. Ich bin froh, dass er überhaupt Gefühle zulässt, und lasse alles über mich ergehen.« Ich teste nach, warum Sandra sich als Mülleimer für seine negativen Gefühle zur Verfügung stellt. Ich erkenne, dass sie aus ihrer damaligen Rolle als seine Mutter immer noch Schuldgefühle in sich trägt, weil sie damals hilflos danebenstand, als ihr da-maliger Mann ihn geschlagen und gequält hat. Als Schuldaus-gleich darf er jetzt seine Aggressionen an ihr auslassen.

Lösungssätze

Sandra zu Christian: »Es tut mir leid, dass ich dir als meinem damaligen Sohn die Schläge und Qualen nicht ersparen konnte! Es war mir nicht möglich, dich zu schützen, aber aus heutiger Sicht vertraue ich darauf, dass du in jener Zeit diese Erfahrung als geschlagenes Kind frei gewählt hast und es auch tragen konntest. Heute bin ich nicht mehr deine Mama! Ich lasse meine Schuldgefühle von damals los und gebe dir jetzt deine Macht und Würde als Mann und die Verantwortung für dein Leben zurück.«

Beim Einfühlen in die Rollen zeigt sich, dass Christian jetzt wachsen und Sandra sich neben ihm gleichwertig fühlen kann. Sie hat sich aus der Mutterrolle und dem Gefühle, immer etwas für ihn tun oder wiedergutmachen zu müssen, gelöst.

Rückmeldung acht Monate später

Sandra ruft mich an und berichtet: »Nach unserer Aufstellung fühlte ich mich Christian gegenüber als Frau gleichwertig, die Muttergefühle waren verschwunden. Mein Selbstbewusstsein als Frau war derart gestärkt, dass ich mich ohne Probleme von seinen negativen Gefühlen abgrenzen konnte, er ist förmlich bei mir abgeprallt. Christian meinte: ›Das bist nicht mehr du!‹ Ich konnte ihn so lassen, wie er ist, habe mich aber mittlerweile von ihm getrennt. Ich spüre jetzt wieder mehr Lebensfreude in mir.«

Schuld und Sühne durch Rheumaschmerzen – Die verweigerte Selbstliebe

Einzelaufstellung

Frau Katja S. ist 48 Jahre alt, verwitwet und kinderlos.

Katja kommt mit Rheumabeschwerden zu mir, die sie seit fünfzehn Jahren nicht heilen kann. Sie möchte sich die psychische Ursache ihrer Krankheit in einer Einzelaufstellung ansehen.

Einzelaufstellung mit Kissen

Katja legt ein Kissen für sich und eins für ihre Krankheit auf. Beim Austesten zeigt sich die Rheumakrankheit als ungeborene Zwillingsschwester aus einer Mehrfachbefruchtung. Sie freut sich, als sie von der Zwillingsschwester erfährt.

Einfühlung auf Katjas Platz: Ich bin steif und wie festgefroren. Es kommen Bilder in mir hoch, wie wir zu zweit im Mutterleib waren. Ich spüre meine Zwillingsschwester wie eine Last auf mir, es wird alles dunkel um mich. In dem Moment, als meine Zwillingsschwester stirbt und mich verlässt, bleibe ich in einer panischen Angst zurück und habe das Gefühl, mich nicht mehr bewegen zu können. Ich möchte ihr nachfolgen, um nicht allein zurückzubleiben. Ich fühle mich allein nicht lebensfähig. Es überkommt mich ein Schuldgefühl. Es ist, als ob ich allein nicht im Leben bleiben darf!

Schuldgefühle für den Tod der Schwester aus einem früheren Leben

Einfühlung auf Katjas Platz: Es zeigt sich mir jetzt ein Bild aus einem früheren Leben, in dem wir ebenfalls Schwestern waren. Beim Spielen ist sie plötzlich in einen Brunnen gefallen. Ich war wie ohnmächtig und konnte ihr nicht helfen. Meine Schwester ertrank im Brunnen. Ich sehe meine Eltern, wie sie mich für ihren Tod verantwortlich machen.

Lösungssätze zur Klärung des früheren Lebens

Katja zu ihren damaligen Eltern: »Eure Schuld und Verantwortung als Eltern, die ich damals als Kind von euch übernommen habe, gebe ich euch jetzt wieder zurück. Ich war selber nur ein Kind. Mich trifft keine Schuld am Tod meiner Schwester, ihr wart die Großen. Ich war die Kleine.«

Eine große Last fällt von Katja ab. Ich bitte sie, ihre Schwester mit folgendem Satz in ihr Herz zu nehmen.

Katja zu ihrer Schwester: »Liebe Schwester, du gehörst dazu, die Verantwortung für dein Schicksal und deinen Tod lasse ich jetzt bei dir. Du hast immer einen guten Platz in meinem Herzen. Bitte schau freundlich auf mich, damit ich auch ohne dich ein gutes Leben führen kann.«

Katja fällt es schwer, ihre Schwester gehen zu lassen. Ich erkenne noch ein altes Versprechen von damals.

Katja zu ihrer Schwester: »Ich löse jetzt das Versprechen, immer zusammenzubleiben, das wir uns gegeben haben, und spreche dich und mich davon frei. Ich schaffe es jetzt auch ohne dich, aber mit deinem Segen.«

Katja nimmt das Kissen ihrer Schwester und drückt es an ihr Herz, danach kann sie sich gut von ihr lösen. Wir prüfen jetzt noch einmal ihr Rheuma – und siehe da: Das entsprechende Kissen liegt jetzt in größerem Abstand zu ihr und wirkt nicht mehr so bedrohlich. Beim kinesiologischen Austesten zeigt sich, dass hinter ihrer Krankheit noch andere Schuld-Sühne-Programme aus früheren Leben stehen, die es noch zu lösen gilt. Katja wählt noch ein weiteres Kissen für das, was es braucht, um sich aus diesen Belastungen zu lösen. Beim Einfühlen auf diesem Platz spüre ich, dass ihr die Selbstliebe fehlt, insbesondere die Erlaubnis, für sich alleine, ohne ihre Schwester, Liebe empfinden zu dürfen. Ich empfehle ihr, zu diesem Thema als nächsten Schritt ein Reading machen zulassen.

Rückmeldung anderthalb Jahre später

Katja erzählt mir, dass sie nach unserer Aufstellung noch mehrere Stationen der Heilarbeit absolviert hat, unter anderem hat sie auch ein Reading machen lassen. Sie arbeitet intensiv daran, ihre Selbstliebe zu stärken, und ihre durch das Rheuma bedingten Schmerzen klingen langsam ab.

FALL NR. 8
»Ich will mich kreativ verwirklichen« –
Die fehlende Eigenidentität

Einzelaufstellung

Elfi M. ist 48 Jahre alt, verheiratet und hat zwei Kinder.

Elfi interessiert sich für eine Aufstellung ihres »Inneren Kindes«, um sich ihr nicht gelebtes Potenzial an Kreativität anzuschauen. Sie vermutet, dass eine Blockade aus ihrer Kindheit vorhanden ist. Sie wurde bereits als Baby adoptiert und hat ihre leiblichen Eltern erst im Alter von dreißig Jahren ein einziges Mal gesehen. Sie erzählt mir folgende Begebenheit:

Elfi: »Ich habe erst mit sechzehn Jahren von meiner Lehrerin, nicht von meinen Adoptiveltern, erfahren, dass ich adoptiert wurde. Sie hatte ein Dokument auf ihrem Schreibtisch liegen, in dem die Adoption vermerkt war. Sie wusste nicht, dass ich keine Ahnung davon hatte. Es war ein Schock für mich! Vor einigen Jahren, als ich schon meine eigene Familie hatte, klingelte es einmal innerhalb einer einzigen Woche gleich dreimal an der Tür. Obwohl ich gar nicht wusste, wer eigentlich draußen war, hatte ich jedes Mal Panik zu öffnen. Beim vierten Mal öffnete ich und sah meine leiblichen Eltern zum ersten Mal in meinem Leben. Mein Vater war krebskrank und wollte vor seinem Tod noch seinen Frieden mit mir finden. Ich ließ sie nicht in meine Wohnung, versicherte ihnen aber, dass die Entscheidung, mich wegzugeben, die richtige gewesen war, weil sich meine Adoptiveltern sehr liebevoll um mich gekümmert hatten. Mehr konnte ich nicht zulassen.«

Einzelaufstellung mit Kissen

Elfi legt vier Kissen. Auffallend ist, dass sie zwei Kissen für sich selbst wählt, ein dunkles und ein helles, eins für ihr Ziel, ihr kreatives Potenzial voll ausleben zu können, und noch ein weiteres für die Blockade. Ihre eigenen Kissen legt sie übereinander in einiger Entfernung von sich, das Kissen für die Blockade direkt vor sich und das Kissen für das Ziel direkt daneben. Sie glaubt, dass es nicht sehr viel benötigt, ihr Ziel zu erreichen.

Einfühlung auf Elfis Platz: Ich spüre, dass mir das dunkle Kissen sehr unangenehm ist und ich es nicht als mir zugehörig wahrnehmen kann. Ich lege es daher zur Seite. Durch kinesiologisches Austesten erkenne ich, dass dieses Kissen einen leiblichen Großonkel väterlicherseits repräsentiert, der vermutlich bereits als Kind gestorben ist. Es zeigt sich, dass Elfi in einem früheren Leben selbst dieses verstorbene Kind war. Ich bitte Elfi, sich jetzt an ihren Platz zu stellen und selbst ihre Lösungssätze zu sprechen.

Lösungssätze

Elfi zu ihrem verstorbenen Großonkel: »Du gehörst dazu und hast deinen eigenen Platz, den ich nicht vertreten kann. Du bist schon tot, aber ich lebe.«

Sie nimmt den Großonkel, der sie selbst in einem früheren Leben war, in ihr Herz. Dann legt sie ein weiteres Kissen für seine Mutter (ihre leibliche Urgroßmutter) dazu.

Elfi zu ihrer Urgroßmutter: »Deine Trauer um deinen verstorbenen Sohn und die mütterliche Verantwortung für ihn gebe ich dir jetzt in Liebe zurück.«

Sie legt dann das Kissen des verstorbenen Großonkels zu dem der Urgroßmutter. Jetzt wirkt Elfi befreit.

Elfi erwähnt, dass ihre Adoptivmutter eine Abtreibung hatte vornehmen lassen. Da oft zu beobachten ist, dass verstorbene Kinder von später lebenden Verwandten vertreten werden, bitte ich sie, ein Kissen für dieses tote Kind, das ich durch Testen als Mädchen identifiziere, dazuzulegen. Sie legt es genau auf das Kissen, das ihrer Blockade darstellt. Es lässt sich gut erkennen, dass sie ihren Adoptiveltern die verstorbene Tochter ersetzen muss und nicht als sie selbst wahrgenommen werden kann. Ich bitte Elfi, noch zwei weitere Kissen für ihre Adoptiveltern hinzuzufügen. Als sie diesen einen guten Platz gegeben hat, nimmt sie sofort das Kissen des verstorbenen Kindes und legt es zu ihren Adoptiveltern.

Lösungssätze

Elfi zu ihren Adoptiveltern: »Liebe Eltern, mit eurem verstorbenen Kind habe ich nichts zu tun, das kann ich euch nicht ersetzen. Es hat seinen eigenen Platz, und ich lasse es jetzt bei euch.«

Elfi hat auch die Mutterrolle für das verstorbene Kind übernommen, weil die Adoptivmutter es aufgrund ihrer Schuldgefühle nicht in ihr Herz nehmen konnte.

Elfi zu ihrer Adoptivmutter: »Du bist ihre Mutter, nicht ich, ich lasse die Verantwortung als Mutter mit allen damit verbundenen Gefühlen von Schuld und Trauer jetzt bei dir.«

Durch die Einfühlung in das abgetriebene Kind wird sichtbar, dass es nicht freundlich auf Elfi schaut, weil sie seinen Platz eingenommen hat.

Elfi zum verstorbenen Kind: »Es tut mir leid, dass du nicht zur Welt kommen konntest. Mich trifft keine Schuld daran. Ich kann deinen Platz nicht einnehmen, du bist das leibliche Kind meiner Adoptivmama, nicht ich. Ich achte deinen Platz. Bitte schau jetzt freundlich auf mich, damit ich mein Leben verwirklichen kann, auch wenn du deines nicht leben konntest.«

Diese Sätze lösen die Eifersucht des verstorbenen Kindes, und Elfi kann sich jetzt aus der Identifizierung lösen. Damit Elfi sich von nun an wirklich voll und ganz verwirklichen kann, muss sie noch die Eigenverantwortung für ihr Leben übernehmen.

Verantwortung für das eigene Leben übernehmen

Elfi zu ihren Adoptiveltern: »Liebe Mama, lieber Papa, ich danke euch für alles. Ich lasse es gut sein bei euch. Ich übernehme ab sofort die Verantwortung für mein Leben, und ihr seid frei von dieser.«

Sie spürt, dass sich in ihrem Solarplexus etwas befreit hat und in ihrer Wirbelsäule Energie zu fließen beginnt.

Annehmen der eigenen Identität

Aus den Erzählungen der Eltern weiß Elfi, dass ihre Adoptiveltern immer befürchtet hatten, ihre geliebte Adoptivtochter wieder an die leiblichen Eltern zu verlieren. Deshalb haben sie ihr das Bild vermittelt, dass ihre leiblichen Eltern »Gesindel« seien. Aus diesem Grund trägt Elfi ein Gefühl der Verachtung ihren leiblichen Eltern gegenüber in sich, das sie von ihren Adoptiveltern übernommen hat. Diese Verachtung verhindert, dass sie ihre wahren familiären Wurzeln annehmen kann, und dies wiederum führt dazu, dass sie sich selbst hinsichtlich ihrer Herkunft gering schätzt.

> Nur im Annehmen
> unserer leiblichen Eltern
> finden wir zu unserer eigenen Identität!

Lösungssätze zum Annehmen ihrer leiblichen Eltern

Elfi zu ihren Adoptiveltern: »Liebe Mama, lieber Papa, eure Verachtung meinen leiblichen Eltern gegenüber gebe ich euch wieder zurück. Meine Liebe ist euch sicher. Bitte schaut jetzt freundlich auf mich, wenn ich auch meine leiblichen Eltern in mein Herz nehme, denn von ihnen komme ich. Ich danke euch.«

Sie spürt erstmals die innere Erlaubnis, sich ihren leiblichen Eltern zuzuwenden.

Elfi zu ihren leiblichen Eltern: »Liebe Eltern, von euch komme ich, euch verdanke ich mein Leben. Danke dafür, ich nehme es als großes Geschenk von euch und lasse es damit gut sein. Die Verantwortung für mein Leben nehme ich jetzt voll und ganz zu mir zurück, und ihr seid frei davon.«

Elfi kann ihre Eltern erstmalig annehmen. Ich empfehle ihr, diese Sätze auch zu Hause mehrmals zu wiederholen, um ihre Wurzeln und damit ihre eigene Identität zu stärken.
Elfi fühlt sich jetzt ihrem Ziel sehr nahe. Sie legt noch ein Kissen für ihr Inneres Kind dazu, das ihr Potenzial an Kreativität und ihren gesamten Gefühlsreichtum darstellt.

Einfühlung am Platz des Inneren Kindes: Ich fühle mich einsam und verlassen. Es handelt sich um jenes Gefühl, das Elfi damals erlebt hat, als ihre leiblichen Eltern sie weggeben haben. Um jetzt in ihre eigenverantwortliche Liebe zu sich selbst zu gehen und ihrem Inneren Kind all das zu geben, was es braucht, bitte ich Elfi, folgende Sätze zu sprechen:

Lösungssätze zum Annehmen des Inneren Kindes

Elfi zu ihrem Inneren Kind: »Liebe Elfi, du bist die Kleine und ich die Große. Ich übernehme jetzt die Verantwortung für dich und für alles, was du brauchst. Ich werde dich nicht mehr verlassen, sondern immer für dich da sein. Du bist mir wertvoll und wichtig, und ich liebe dich so, wie du bist. Ich freue mich über all deine Gefühle, egal ob Trauer, Schmerz oder Freude, du darfst alles ausdrücken.«

Sie drückt das Kissen ihres Inneren Kindes fest an ihr Herz und kann sich nun auf ihr Ziel ausrichten. Sie spürt, dass sie nur in Verbindung mit ihrem Inneren Kind ihre Potenziale leben kann. Ich empfehle ihr noch, sich als Symbol für ihr Inneres Kind eine Puppe zu besorgen und täglich mit ihr zu kommunizieren, um zu erkennen, was sie gerade braucht. Die Heilung ihres »Inneren Kindes« ist ein längerer Prozess, der in diesem Moment eingeleitet wurde, und dafür sorgen wird, dass auch ihre Selbstliebe wieder ins Fließen kommt.

Rückmeldung zwei Wochen später

Elfi ruft mich an: »Ich fühle mich dynamisch und sehr kreativ. Habe im Haus eine Feng-Shui-Ecke für meine Ahnen eingerichtet. Interessanterweise hat eine Tante von mir angerufen, von der ich seit dreißig Jahren nichts mehr gehört habe! Ich habe mir bereits eine Puppe gekauft, die für mein Inneres Kind steht und im Wohnzimmer einen gut sichtbaren Platz bekommen hat. Ich glaube, es geht ihr gut bei mir, auch mein Mann und meine beiden Kinder haben sie liebevoll angenommen. Mein Mann deckt sie sogar abends zu.«

FALL NR. 9
»Ich kann keinen Orgasmus bekommen« –
Das Keuschheitsgelübde

Gruppenaufstellung

Antoinette H. ist 35 Jahre alt, ledig und hat zwei Kinder.

Antoinette kommt mit einem sehr intimen Thema in mein Seminar. Antoinette: »Ich möchte wissen, warum ich beim Geschlechtsverkehr noch nie einen Orgasmus bekommen habe. Die einzige Möglichkeit, einen Orgasmus zu bekommen, habe ich durch Selbstbefriedigung. Obwohl ich schon mit einigen Männern zusammen war, hat es bei keinem geklappt. Auch wenn ich dachte, kurz davor zu sein, war ich doch eigentlich noch sehr weit weg davon. Mein unerfülltes Sexualleben belastet mich und meinen Partner.«

Beginn der Gruppenaufstellung

In der Aufstellung nimmt Antoinette ihre Position selbst ein. Dann wählt sie noch eine Darstellerin für die Orgasmusfähigkeit als ihr Ziel und eine Darstellerin für die Blockade.

Die Darstellerin für die Orgasmusfähigkeit: »Ich fühle mich bewegungslos und verhalten, spüre keinerlei Freude.« Als ich die Stellvertreterin für die Blockade ansehe, erkenne ich in ihr Bilder aus einem früheren Leben von Antoinette.

Antoinette als Nonne in einem früheren Leben

Ich sehe Antoinette als Nonne gekleidet. Sie hat sich bis heute nicht von ihrem Keuschheitsgelübde gelöst und erlaubt sich daher noch immer nicht, ihre Sexualität in Freude und Ekstase zu leben. Außerdem hat sie als Nonne versprochen, nur Gott zu lieben! Als ich Antoinette vorschlage, sich von diesen alten Versprechen zu lösen, ist sie zuerst nicht bereit. Antoinette: »Das Leben als Nonne bietet mir Sicherheit vor der Welt.« Sie spürt die damalige Sicherheit, die ihr immer noch angenehm erscheint, um sich den Anforderungen des Lebens als Frau nicht stellen zu müssen!

Mithilfe aller Darsteller öffnet sich uns noch eine Reihe von Bildern zu diesem früheren Leben. Das, was ihre Verbindung zur Kirche noch intensiver, aber auch heikler, macht, ist die Tatsache, dass Antoinette eine Liebesbeziehung zu einem Priester hatte. Diese Liebe, aus der ein Kind hervorging, war für sie ein Ausdruck ihrer Liebe zu Gott. Das Baby wurde ihr nach der Geburt sofort weggenommen, sie selbst musste das Kloster unmittelbar darauf verlassen. Ihr Kind hat sie nie wiedergesehen. Antoinette weint und nimmt stellvertretend für ihr Kind ein Kissen an ihr Herz. Erst jetzt, da sie sich den Schmerz über ihr verlorenes Kind bewusst gemacht hat, kann sie ihre alten Versprechen und Gelübde als Nonne lösen.

Lösungssätze zur Klärung ihres früheren Lebens als Nonne

Antoinette zur Institution Kirche: »Ich löse mich jetzt von dem Gelübde, nur Gott zu lieben, und gebe mich frei für die Liebe zu allen Menschen. Ich löse mich jetzt von meinem Keuschheitsgelübde, dem Körper, der sexuellen Lust und generell den weltlichen Dingen zu entsagen! Von nun an werde ich mich der körperlichen Lust und Freude sowie den weltlichen Vergnügungen wieder hingeben. Es ist alles gottgegeben und zu unserer Freude bestimmt. Alle Glaubenssätze, dass Sexualität und die körperliche Lust etwas Schmutziges sind, wofür man sich schämen muss, gebe ich jetzt zurück. Den Glaubenssatz, dass Sexualität nur zur Zeugung von Kindern gedacht ist, gebe ich ebenfalls zurück. Solche Glaubenssätze dienen mir nicht mehr! Danke für alles, was ich als Ordensfrau bei dir lernen durfte. Ich nehme jetzt alle Macht, Kraft und Verantwortung, die ich einst an dich abgegeben habe, wieder zu mir zurück.«

Antoinette ist erleichtert. Die Darstellerin für ihre Orgasmusfähigkeit wirkt plötzlich heiter, lebendig und voll Energie. Antoinette blickt sie skeptisch an und ist gespannt, ob die Aufstellung etwas bewirken wird.

Rückmeldung bei einem Seminar vier Wochen später

Antoinette: »Ich möchte heute freudig verkünden, dass die Aufstellung gewirkt hat und es für mich wie ein Wunder ist, dass ich jetzt, mit 35, zum ersten Mal einen Orgasmus während des Geschlechtsverkehrs hatte. Erst konnte ich es nicht glauben und dachte, es wäre nur eine einmalige Geschichte«, erzählt Antoinette lachend, »aber: Es funktioniert tatsächlich!«

Frei sein für die eigene Familie –
Die übernommene Macht und Kraft des Vaters

Gruppenaufstellung

Josef und Anna K. sind Mitte 30, verheiratet und haben eine Tochter.

Josef kommt gemeinsam mit seiner Frau Anna in die Gruppe, um ihre Gegenwartsfamilie aufzustellen. Er möchte klären, ob seine einjährige Tochter noch Belastungen aus den Ursprungsfamilien trägt.

Beginn der Gruppenaufstellung

Josef stellt drei Darsteller für seine gegenwärtige Familie in einem Dreieck auf.

Darsteller für Josef: »Ich weiß nicht genau, wer von den beiden Frauen meine Partnerin und wer meine Tochter ist, es ist wie ein Dreiecksverhältnis.«

Auch seine Frau und das Kind fühlen sich nicht wie eine Familie. Aus der Aufstellung seiner Ursprungsfamilie weiß ich, dass Josefs Vater sich von Josefs Mutter wegen einer anderen Frau hat scheiden lassen. Ich bitte ihn, seinen Vater, seine zweite Frau und Josefs Mutter mit aufzustellen. Die Mutter stellt er neben seinen eigenen Darsteller, der Vater und seine zweite Frau werden abseits platziert. Josefs Darsteller steht symbolisch genau zwischen den Eltern und trägt auch deren gescheiterte Beziehung. Es zeigt sich, dass er nach der Trennung zum Partnerersatz für die Mutter geworden war. Ich versuche, durch Lösungssätze die Situation zu klären:

Lösungssätze zur Klärung der Familiendynamik

Josef zu seiner Mutter: »Ich bin nicht dein Partner und kann dir meinen Vater nicht ersetzen.«

Josefs Darsteller hat große Mühe, die Sätze auszusprechen, und gibt zu verstehen, dass er sich aus der Partnerschaft mit seiner Mutter nicht verabschieden will. Auch die Darstellerin für seine Mutter wirkt verzweifelt und sagt: »Du wirst mich doch jetzt nicht auch noch verlassen?«

Da es auf der familiensystemischen Ebene zwischen Josef und seiner Mutter zu keiner Klärung kommt, teste ich kinesiologisch nach und erkenne eine karmische Verstrickung zwischen beiden. Ich bitte Josef, einen Darsteller dafür ins Bild zu stellen.

Die übernommene Macht und Kraft des Vaters aus einem früheren Leben

Josef stellt eine Frau als Darstellerin für das frühere Leben genau zwischen sich und seine Mutter. Die Darstellerin wirkt traurig und meint: »Ich schaue auf Steinhügel, die wie Gräber aussehen.« In diesem Moment geht der Darsteller der Mutter von Josef weg und stellt sich neben den Darsteller von Josefs Vater. Meine inneren Bilder zeigen mir, dass es sich um ein früheres Leben handelt, in dem Josef die gleichen Eltern hatte wie heute. Sein damaliger Vater war ein mächtiger Herrscher, der frühzeitig gestorben ist (daher die Gräber). Josef, sein Sohn, erhielt dessen Macht und den Platz des Partners neben seiner Mutter. Es wird nun klar, welches Beziehungsmuster die Familie in diesem Leben wiederholt. Der Vater geht weg, und Josef nimmt wieder dessen Platz neben der Mutter ein.

Für die Darstellerin der Mutter hat sich die Verstrickung bereits gelöst, als das Grab ihres damaligen Mannes sichtbar wurde. Sie weiß nun, wer ihr Mann und wer ihr Sohn ist, und kann Josef gut loslassen. Zum Vater, der im Vergleich ihm gegenüber noch immer sehr groß wirkt, hat Josef noch ein gespaltenes Verhältnis. Ich lasse ihn folgenden Lösungssatz sprechen:

Lösungssätze zur Klärung des früheren Lebens

Josef zu seinem Vater: »Lieber Vater, all deine Macht, die ich einst von dir übernommen habe, gebe ich dir jetzt wieder zurück. Ich gehe jetzt in meine eigene Macht.«

Zunächst zögert er, ob er sich endgültig von der Macht des Vaters lösen soll, dann spürt er aber, dass er mittlerweile auch genügend eigene in sich trägt, um gut im Leben zu stehen. Der Vater wirkt erleichtert und hat an Größe gewonnen. Josef kann ihn nun als seinen Vater annehmen.

Josef zu seinen Eltern: »Was zwischen euch beiden schiefgelaufen ist, geht mich nichts an, das lasse ich jetzt bei euch, ich bin nur das Kind.«

Jetzt ist Josef für seine eigene Familie frei. Voll Freude umarmt er seine Frau Anna.

Rückmeldung ein Jahr später

Josef erzählt mir, dass er mit seiner Familie glücklich ist, sie haben vor Kurzem noch einen Sohn bekommen. Bei seiner Tochter spürt er keine Belastungen mehr. Die Beziehung zu seinem Vater bezeichnet Josef als sehr gut, die mit der Mutter etwas distanzierter, aber für ihn stimmig.

Die Liebe, die nicht sein durfte –
Die russische Melancholie

Gruppenaufstellung

Anna L. ist 28 Jahre alt, ledig und hat keine Kinder.

Anna möchte im Rahmen eines Seminars ein Thema anschauen, das sie schon länger bedrückt. Anna: »Ich weiß nicht, woher diese große Trauer in mir kommt. Ich muss bei dem geringsten Anlass sofort weinen, diese Sentimentalität ist Teil meines Lebens geworden! Ich wünsche mir mehr Liebe in meinem Leben! Insbesondere die Verbindung mit meiner Mutter möchte ich verbessern, ich komme nicht wirklich an sie heran.«

Beginn der Gruppenaufstellung

Anna stellt in der Gruppe die mütterliche Seite ihrer Herkunftsfamilie auf. Beim Aufstellen ihrer Eltern stellt sich ihre Mutter ganz abseits und fühlt sich nicht zugehörig. Als wir den ersten Mann der Mutter, der sie verlassen hat, dazustellen, zeigt sich, dass Anna ihn bei ihrer Mutter vertritt, sie übernimmt somit die Rolle des Ersatzpartners. Außerdem trägt sie die Gefühle der Mutter ihm gegenüber. Aus dieser Verstrickung heraus hat Anna oft die Frustration der Mutter abbekommen, die eigentlich dem ersten Mann gegolten hätte.

Lösungssätze

Anna zu ihrer Mutter: »Liebe Mama, mit deinem ersten Mann habe ich nichts zu tun, ich kann ihn für dich nicht vertreten. Alle Wut, Enttäuschung und Trauer, die ich für dich getragen habe, gebe ich dir in Liebe wieder zurück.«

Die Darstellerin ihrer Mutter beginnt heftig zu weinen, Annas Darstellerin geht zu ihr, um sie zu trösten. Der Bann ist gebrochen, Mutter und Tochter haben sich wiedergefunden. In der weiteren Aufstellung ihrer Ahnen mütterlicherseits zeigt sich ein Familiengeheimnis: Annas Großmutter mütterlicherseits wirkt in ihrer Rolle nervös und angespannt und scheint ein Geheimnis zu hüten. Als wir ihren Mann, Annas Großvater, dazustellen, finde ich durch Testen heraus, dass dieser nicht der leibliche Vater von Annas Mutter ist. Beim Hineinstellen einer weiteren Person für den leiblichen Vater erkennen wir die große Liebe der Großmutter zu einem Russen, mit dem sie Annas Mutter während der russischen Besatzung in Österreich gezeugt hat. Als er ins Bild kommt, wendet die Großmutter ihren Blick ab, und ihre Nervosität steigt. Anna ist sehr bewegt und fühlt sich mit dem Russen stark verbunden. Sie erkennt nun, dass sie seinen Platz vertritt und seine Trauer und Sentimentalität über die Liebe, die nicht sein durfte, trägt. Auch von der Großmutter trägt sie das Gefühl der Trauer über diese verbotene Liebe.

Anna zu ihrer Großmutter: »Liebe Oma, es tut mir sehr leid, dass deine Liebe nicht sein durfte. Alle damit verbundenen Gefühle der Trauer über deine verbotene Liebe lasse ich jetzt wieder bei dir. Ich habe mit deiner großen Liebe nichts zu tun, und ich kann sie dir auch nicht ersetzen. Ich gebe sie dir jetzt zurück und überlasse sie deinem Herzen.«

Die Darstellerin der Großmutter nimmt ihre Gefühle zurück und kann ihren russischen Geliebten zum ersten Mal ansehen. Ihre Augen glänzen vor Freude, und sie wirkt erleichtert.

Großmutter zu Anna: »Liebe Anna, mit meiner Liebe hast du nichts zu tun, davon bist du jetzt frei. Auch wenn meine Liebe nicht sein durfte, so darf deine jetzt gelingen!«

Anna umarmt ihre Oma innig.

Anna zum russischen Geliebten ihrer Oma: »Du bist mein leiblicher Großvater, du gehörst dazu und bist der einzig richtige Vater für meine Mama. Du hast jetzt deinen eigenen Platz bei uns, und ich brauche dich nicht mehr zu vertreten. All deine Gefühle für meine Großmutter, deine Trauer und Sentimentalität, gebe ich dir in Liebe wieder zurück, sie gehören zu dir und nicht zu mir.«

Beide umarmen sich. Wir stellen einen Darsteller für das Land Russland dazu, und Anna nimmt es voll Begeisterung als ein weiteres Heimatland ihrer Ahnen in ihr Herz. Sie meint: »Ich habe mich schon immer mit der russischen Mentalität identifiziert, ich liebe russische Musik und die russische Leidenschaft!«

Die Verbindung zu einem früheren Leben

Beim kinesiologischen Austesten erkenne ich, dass Anna selbst in einem früheren Leben eine verbotene Liebesbeziehung zu einem Russen hatte. Daher hat sie sich mit der nicht gelungenen Liebe der Großeltern und mit der gescheiterten Beziehung ihrer Mutter identifiziert. Sie hat durch die Verstrickungen mit den Ahnen die Gefühle aus ihrem früheren Leben noch einmal spüren und somit heilen können. Ihre Liebe kann jetzt wieder fließen und darf auch gelingen.

Rückmeldung ein Jahr später

Anna: »Trauer und Melancholie erlebe ich kaum noch, ab und zu vielleicht noch in kleinen Ansätzen. Die Beziehung zu meiner Mutter hat sich sehr verbessert, sie kommt mir mehr entgegen und zeigt mir ihre Liebe, so gut sie kann. Ich habe seit Kurzem einen Partner, mit dem ich sehr glücklich bin. Meine Liebe darf endlich gelingen.«

FALL NR. 12
»Ich kann dir deine Macht und Verantwortung als Mann nicht zumuten!«

Fernaufstellung

Iris und Bernd K. sind um die 40 Jahre alt, verheiratet und haben vier Kinder.

Iris ruft mich verzweifelt an und bittet mich, dringend eine Fernaufstellung für sie zu machen. Iris: »Ich bin mit meinem Mann in letzter Zeit immer wieder im Clinch. Ich muss alles selber machen, auch das, was eigentlich zu seinen Aufgaben gehört. Ich habe keine Lust mehr dazu und möchte wissen, warum er seine Verantwortung nicht selber trägt.«

Fernaufstellung mit Klötzchen –
Bernd als Sohn von Iris in einem früheren Leben

In der Klötzchenaufstellung zeigt sich mir folgendes Bild: Ich erkenne ein früheres Leben, in dem ihr jetziger Mann Bernd der Sohn von Iris war. Sie hat ihn abtreiben lassen, weil sich der Vater des Kindes nicht der väterlichen Verantwortung stellen wollte. Obwohl sie das Kind auch allein hätte durchbringen können, hat sie die ganze Verantwortung auf den Vater des Kindes abgeschoben und ihm allein die Schuld an der Abtreibung gegeben.

Auswirkungen auf das jetzige Leben von Iris

Die Folge davon ist, dass sie sich heute zum Ausgleich für ihre damalige Verantwortungslosigkeit im Übermaß Verantwortung auflädt, die nicht ihre eigene ist. Außerdem versucht sie aus ihren Schuldgefühlen heraus, ihre Mutterrolle gegenüber Bernd im jetzigen Leben nachzuholen. Deshalb vertritt sie im aktuellen Leben Bernds Mutter als emotionalen Ersatz.

Lösungssätze für das frühere Leben

Iris zum damaligen Vater von Bernd: »Von aller Schuld und Verantwortung, die ich dir damals (für die Abtreibung unseres Sohnes) zugeschoben habe, nehme ich jetzt meinen Anteil zurück und lasse dir nur deinen Teil.«

Iris zum damaligen Sohn (ihr heutiger Mann Bernd): »Ich übernehme jetzt meine einstige Verantwortung als Mutter für dich und stehe dazu, dass ich es alleine nicht bewältigen wollte, dich zur Welt zu bringen. Dir mute ich jetzt deinen Teil an Verantwortung zu, dir diese Erfahrung mit mir als Mutter gewählt zu haben. Ich löse mich jetzt von allen Schuldgefühlen dir gegenüber.«

Lösungssätze für das jetzige Leben

Iris zur Schwiegermutter: »Du bist die einzig richtige Mutter für Bernd, nicht ich. Ich lasse jetzt die mütterliche Verantwortung für Bernd bei dir.«

Iris zu Bernd: »Lieber Bernd, ich bin nicht mehr deine Mutter, und du bist nicht mehr mein Sohn. Du bist mein Mann. Ich gebe dir jetzt die Verantwortung für dein Leben wieder zurück.«

Macht und Würde

Beim kinesiologischen Nachtesten erkenne ich, dass Iris noch nicht bereit ist, Bernd seine Macht und Würde als Mann wieder zurückzugeben, um ihm voll und ganz seine Verantwortung zumuten zu können. In der Klötzchenaufstellung zeigt sich mir, dass dies noch durch eine Blockade aus einem weiteren Leben verhindert wird.

Bernd und Iris als Partner in einem früheren Leben

Bernd war damals eine Frau, eine schwarzmagische Zauberin, Iris war damals als Mann inkarniert. Bernd als Zauberin war sehr an Iris als Mann interessiert, hat ihn aber nur durch starke Manipulation und Hexenzauber als Partner gewinnen können.

Auswirkungen auf die jetzige Beziehung von Iris und Bernd

Die Folge davon ist, dass Iris noch alte Ängste vor Bernds Macht und Kraft in sich trägt. Darum will sie ihm diese auch nicht zugestehen. Mit folgenden Lösungssätzen kann sie sich aus der alten Angst und Verstrickung befreien:

Lösungssätze zur Klärung des früheren Lebens

Iris zu Bernd: »Lieber Bernd, ich erkenne nun die Lernerfahrung an, Opfer deiner Machtspiele geworden zu sein, und übernehme meine Verantwortung dafür. Meine Macht und Würde, die ich damals an dich abgegeben habe, nehme ich jetzt zu mir zurück. Alle Macht und Würde als Mann, die ich dir aus Angst genommen habe, gebe ich dir jetzt wieder zurück. Wir sind beide gleich stark und gleich mächtig!«

Ich teste keine weiteren Blockaden mehr und beende die Fernaufstellung.

Nachbesprechung

Nach Ende der Aufstellung rufe ich Iris an und gebe ihr meine Bilder und Lösungssätze mit. Sie wirkt am Telefon erleichtert, sie steht kurz vor ihrem gemeinsamen Urlaub mit Bernd und will vorher noch belastende Verstrickungen mit ihm lösen.

Rückmeldung ein halbes Jahr später

Iris erzählt: »Ich habe eine markante Veränderung zwischen Bernd und mir festgestellt. Als ich vor Kurzem mit finanziellen Angelegenheiten konfrontiert war, die uns beide betreffen, habe ich zu ihm gesagt: ›Das musst du jetzt regeln, das ist mir zu viel!‹ Seither erledigt Bernd vieles, was ich mir früher selbst aufgebürdet habe. Ich kann ihm seine Verantwortung jetzt zumuten, und ich vertraue ihm, dass er es auch ohne mich schafft.«

FALL NR. 13
»Vorsicht beim Geschlechtsverkehr!« –
Die Angst, das Männliche in sich aufzunehmen

Einzelaufstellung

Andrea S. ist 35 Jahre alt, verheiratet und hat keine Kinder.

Andrea kommt zu mir in die Einzelarbeit, weil sie mehr über die sexuelle Blockade zwischen sich und ihrem Mann erfahren will. Andrea: »Obwohl ich mich freue, meinen Mann in mir zu spüren, erlebe ich gleichzeitig ein Engegefühl in meiner Scheide, welches ihm das Eindringen erschwert.«

Einzelaufstellung mit Klötzchen

Andrea legt ein Klötzchen für sich selbst, eines für ihren Mann und zwischen die beiden eines für die sexuelle Blockade (Engegefühl).
Ich teste, dass es nicht ihre eigene Blockade ist, die ihre Sexualität beeinträchtigt, sondern ein übernommenes Thema ihrer Großmutter mütterlicherseits.
Als Andrea ihre Großmutter dazustellt, zeigt sich, dass Andrea von ihr den Glaubenssatz übernommen hat, dass es gefährlich ist, einen Mann sexuell in sich eindringen zu lassen, weil man mit Krankheiten angesteckt werden könnte. Zur Zeit ihrer Großmutter, als Krieg herrschte und während der russischen Besetzung viele Frauen vergewaltigt wurden, war ein derartiger Glaubenssatz durchaus angebracht.

Lösungssätze

Andrea zu ihrer Oma: »Es tut mir leid, dass Deine Sexualität mit so vielen Gefahren verbunden war und dass es für dich so bedrohlich war, das Männliche in dich eindringen zu lassen. Den gewalttätigen Missbrauch, die Angst vor Ansteckung und alle damit verbundenen Ängste lasse ich bei dir. Ich bin jetzt sicher, liebe Oma, und kann mich meinem Partner vertrauensvoll hingeben.«

Als ich kinesiologisch nachteste, zeigt sich, dass Andrea noch nicht von der sexuellen Blockade ihrer Großmutter frei ist. Ich erkenne, dass sie ihrer Großmutter ein Versprechen gegeben hat, diesen Glaubenssatz als Schutz zu übernehmen.

Lösen des Versprechens

Andrea zu ihrer Oma: »Ich löse mich jetzt von dem Versprechen, deinen Glaubenssatz zu übernehmen, dass es gefährlich sein kann, das Männliche in sich eindringen zu lassen. Ich lasse diese Vorstellung jetzt mit allen damit verbundenen Ängsten bei dir.«

Erst jetzt ist Andrea frei von der Fremdbestimmung ihrer Sexualität!

Andrea als Prostituierte in einem früheren Leben

Als Hintergrund dieser Verstrickung zeigt sich in der Aufstellung ein früheres Leben von Andrea, in dem sie als Prostituierte immer wieder in der Angst lebte, sich beim Geschlechtsverkehr mit ihren Kunden Krankheiten zu holen. Es geht um dieselbe Furcht vor Vergewaltigung, die auch die Großmutter damals in sich getragen hat. Sie hat diese Furcht in dieses Leben mitgebracht. Über die Identifizierung mit ihrer Großmutter konnte sie sich das alte Thema erneut bewusst machen und es durch das Aussprechen der Lösungssätze wieder loslassen.

Rückmeldung vier Monate später

Andrea: »Ich bin sehr dankbar, dass ich mich auf meinen Mann wieder sexuell einlassen kann. Ich spüre, wie ich mich ihm gegenüber öffne und wir ineinanderfließen. Es ist ein sehr schönes Gefühl.«

»Ich bin unsichtbar« –
Der früh verstorbene Bruder

Gruppenaufstellung

Isabella M. ist 38 Jahre alt, geschieden und Mutter eines Sohnes.

Isabella stellt in der Gruppe im Beisein ihrer Mutter ihre Herkunftsfamilie auf. Als Ziel ihrer Aufstellung wünscht sie sich, dass ihre Liebe gelingen darf. Sie ist nach ihrer Scheidung wieder mit einem Partner zusammen, kann sich aber noch nicht auf einen gemeinsamen Wohnsitz mit ihm einlassen.

Beginn der Gruppenaufstellung

Beim Aufstellen ihrer Ursprungsfamilie zeigt sich folgendes Bild:

Isabellas Darstellerin: »Ich fühle mich von niemandem wahrgenommen, ich bin unsichtbar!«

Es zeigt sich eine Identifizierung mit ihrem jüngeren Bruder Edwin. Er ist als Baby mit sieben Monaten plötzlich verstorben, er hat einfach aufgehört zu atmen. Isabella hat ihn tot aufgefunden und war schwer traumatisiert. Sie trägt unbewusst die Schuldgefühle der Eltern für den Tod ihres Bruders in sich. Seit diesem Schicksalsschlag hatten ihre Eltern den Blick nicht mehr für Isabella frei, ihr Herz war bei ihrem toten Kind.

Lösungssätze

Isabella zu Edwin: »Mein lieber Bruder, du gehörst dazu und hast deinen eigenen Platz bei uns, den ich nicht ausfüllen kann. Ich höre auf, dich zu vertreten, und lasse das Männliche jetzt bei dir. Du bist schon tot, aber ich lebe.«

Isabellas Darstellerin fällt es anfangs noch schwer, ihren Platz im Leben einzunehmen, weil sie es als etwas Bedrohliches empfindet (siehe Fall Nr. 14 b, Die männliche Bedrohung).

Edwin zu Isabella: »Liebe Schwester, dich trifft keine Schuld an meinem Tod, es war mein Weg, zu gehen, und es ist deiner, zu bleiben. Ich segne dich, damit du noch ein gutes Leben haben kannst.«

Isabella zu den Eltern: »Liebe Mama, lieber Papa, eure Verantwortung für meinen Bruder Edwin und alle mit seinem Tod verbundenen Schuldgefühle lasse ich jetzt bei euch. Ihr seid die Eltern, ich bin nur das Kind.«

Die Darstellerin von Isabellas Mutter ist sehr berührt und weint. Sie sieht, dass sie ihre Tochter viel zu wenig wahrgenommen hat, und umarmt sie liebevoll.

Die männliche Bedrohung –
Der Täter und das Opfer

Als wir Isabellas Großeltern mütterlicherseits mit ins Bild stellen, zeigt sich, dass diese im Krieg von drei Russen vergewaltigt wurde. Isabella identifiziert sich mit ihr und trägt ihre Gefühle der Machtlosigkeit, der Scham und des erlittenen Missbrauchs.

Sie spürt unbewusst die männliche Bedrohung, die ihre Großmutter erfahren hat.

**Zusammenhang mit einem früheren Leben
von Isabella als Täter**

Beim Austesten zeigt sich, dass Isabella selbst einer der Russen war, die ihre Oma damals vergewaltigt hatten. Im jetzigen Leben ist sie zum Ausgleich mit den Gefühlen des Opfers identifiziert.

Lösungssätze

Isabella zu ihrer Großmutter: »Liebe Oma, es tut mir leid, was dir passiert ist. Ich ehre und achte dein schweres Schicksal und lasse es jetzt in Liebe bei dir!«

Ich ersuche Isabella, sich selbst auf ihren Platz zu stellen. Sie verbeugt sich tief vor ihrer Oma.

Ich fordere Isabella jetzt auf, auch die drei Russen in ihr Herz zu nehmen. Zu wissen, dass sie selbst einer der Täter war, hilft ihr, sich aus der einseitigen Opferhaltung zu lösen und die Bedrohung, die sie auf das Männliche projiziert hat, als eigenen abgespaltenen Persönlichkeitsanteil zu erkennen und wieder zu integrieren. Isabella nimmt nun auch die Täter in ihr Herz und sagt dann:»Es fühlt sich jetzt friedlich an.«

Damit Isabellas Liebe gelingen kann, bitten wir noch ihre Großeltern und die Urgroßeltern mütterlicherseits um ihren Segen, weil beide Paare geschieden waren.

Lösungssätze

Isabella zu ihren Großeltern und Urgroßeltern: »Es tut mir leid, dass eure Liebe nicht gelungen ist, alle damit verbundenen Gefühle lasse ich jetzt bei euch. Bitte segnet mich, damit meine Liebe jetzt gelingen kann. Ich danke euch!«

Isabella bemerkt, dass alle freundlich auf sie blicken und ihr nur das Beste wünschen.

Für Isabella ist es das schönste Geschenk, dass ihre Eltern sie wieder wahrnehmen können und sie jetzt ihren eigenen Platz im Leben hat. Dieser gute Platz in der Familie ermöglicht es ihr, eine gute Positionierung sowohl in ihrer Partnerschaft als auch in ihrem Beruf einzunehmen.

Rückmeldung acht Monate später

Isabella: »Von meinem letzten Partner habe ich mich getrennt und bin zurzeit allein. Ich hoffe aber, dass sich das bald ändern wird. Von außen erhalte ich die Rückmeldung, dass ich lebendiger und fröhlicher wirke. Ich selbst fühle mich Menschen gegenüber offener. Die Beziehung zu meiner Mutter ist lockerer geworden, sie nimmt jetzt mehr Abstand von mir, was ich als angenehm empfinde.«

Zweifel an der Vaterschaft –
Die verunsicherte Identität

Fernaufstellung

Gerlinde A. ist 44 Jahre alt, geschieden und hat drei Kinder.

Gerlinde ist seit anderthalb Jahren geschieden, arbeitet aber noch in der Firma ihres Exmannes. Sie wünscht sich einen neuen Partner an ihrer Seite und hat auch schon zwei interessante Männer kennengelernt.

Gerlinde: »Am Anfang ist alles wunderbar, da glaube ich, jetzt den idealen Partner gefunden zu haben und spüre auch, dass meine Gefühle voll und ganz erwidert werden. Aber sehr bald haben sich beide Männer von mir zurückgezogen, weil sie angeblich doch noch nicht so weit waren, sich tiefer auf eine neue Beziehung einzulassen. Ich habe viele Gespräche geführt, um ihre Unsicherheit zu klären, aber letztlich ist keiner der beiden bei mir geblieben. Ich fühle mich wie ein Wegweiser für die Männer, die ich kennenlerne. Wann kommt endlich einer bei mir an?«

Fernaufstellung mit Klötzchen

Ich stelle ein Klötzchen für Gerlinde, eines für ihren Exmann und je eines für die beiden Männer, mit denen sie gerne eine Beziehung gehabt hätte. Beim Austesten zeigt sich, dass Gerlindes Exmann Dietmar sie noch nicht losgelassen hat und ihre neuen Beziehungen verhindert. Ich erkenne einen Seelenvertrag für dieses Leben, der besagt, dass sich Gerlinde und Dietmar vorgenommen haben, ihr ganzes Leben lang zusammenzubleiben. Gerlinde und Dietmar haben sich nicht leichtfertig voneinander getrennt, sondern mithilfe verschiedenster Beratungen versucht, ihre Ehe zu retten. Letztlich hat Gerlinde für sich erkannt, dass ihr Mann sich nicht weiterentwickeln will und sie in ihrer eigenen Persönlichkeitsentwicklung blockiert. Dietmar ist es schwergefallen, einen endgültigen Schlussstrich unter ihrer Ehe zu ziehen.

Lösen des Seelenvertrages

Gerlinde zu Dietmar: »Lieber Dietmar, ich löse mich jetzt aus unserem Seelenvertrag, ein ganzes Leben lang als deine Partnerin mit dir zusammenzubleiben, und gebe dich und mich frei. Diese alte Vereinbarung ist nicht mehr stimmig für mich, weil ich mich mit dir zusammen nicht weiterentwickeln kann.«

Ich teste, dass Gerlinde jetzt frei für eine neue Beziehung wäre, ihr partnerschaftliches Glück allerdings noch blockiert ist. Bei der Klötzchenaufstellung zeigt sich ihre fehlende Eigenidentität als Blockade. Da ich für Gerlinde bereits ihre Herkunftssituation aufgestellt habe, weiß ich, dass ihre Mutter immer im Zweifel war, wer der leibliche Vater von Gerlinde ist. Sie hatte zum Zeitpunkt der Zeugung sowohl eine sexuelle Beziehung zu ihrem damaligen Verlobten Arthur als auch zu ihrem zukünftigen Mann Jürgen. Die Mutter hatte Gerlinde erzählt, dass sie sich nach der Schwangerschaft nur noch zu Jürgen hingezogen gefühlt und von ihrem Verlobten Arthur nichts mehr habe wissen wollen. Gerlindes Großmutter behauptete jedoch, das Kind komme dem Aussehen nach ganz aus Arthurs Familie, da es Jürgen nicht ähnlich sehe. Gerlinde selbst hat sich mit Jürgen nie gut verstanden, sie hatten oft Streit, und sie hat sich von ihm immer benachteiligt gefühlt. Gerlinde hat schon viel an diesem Thema gearbeitet. Es wurde ihr von einem geistigen Medium versichert, dass ihre Lebensschnur eindeutig zu Jürgen als ihrem leiblichen Vater hingehe, genau wie bei ihrer jüngeren Schwester Jana. Ein inneres Gefühl der Sicherheit hinsichtlich ihrer Herkunft konnte sie trotzdem nicht verspüren.

Fernaufstellung mit Klötzchen

Ich stelle mit den Klötzchen Gerlinde, ihre Mutter, ihren Verlobten Arthur sowie Jürgen in ein Bild. Beim Austesten zeigt sich Jürgen eindeutig als Gerlindes leiblicher Vater. Gerlinde trägt jedoch die Zweifel der Mutter in sich, dass sie vielleicht doch aus der Familie ihres Verlobten Arthur kommen könnte. Diese Zweifel verunsichern ihre Identität und verhindern, dass sie ihren leiblichen Vater voll und ganz annehmen kann. Auch ihr Vater Jürgen hat die Zweifel der Mutter übernommen und kann seine Tochter nicht als sein Kind annehmen. Folglich hatten beide oft Streit, und Gerlindes jüngere Schwester Jana wurde vom Vater bevorzugt.

Wir lösen jetzt alle Zweifel mit folgenden Sätzen:

Lösungssätze zur Klärung ihrer Eigenidentität

Gerlinde zu ihrer Mutter und zu ihrer Großmutter: »Liebe Mama, liebe Oma, eure Zweifel, dass ich nicht von meinem Vater Jürgen, sondern von Arthur stammen könnte, gebe ich euch wieder zurück. Ich komme vom selben Papa wie Jana und nehme ihn jetzt in mein Herz als den einzig richtigen Vater für mich!«

Gerlinde zu ihrem Vater: »Lieber Papa, auch dir gebe ich deine Unsicherheit zurück, dass ich nicht von dir sein könnte. Du bist der einzig richtige Vater für mich, und du darfst mich jetzt als deine Tochter sehen. Ich nehme dich als meinen Papa in mein Herz. Ich bin wie du und dennoch anders, und ich nehme mein Erbe von dir jetzt an.«

Ich empfehle Gerlinde, ihren Vater ganz in ihr Herz zu atmen.

Gerlinde zu ihren Eltern: »Liebe Mama, lieber Papa, ihr seid die richtigen Eltern für mich! Bitte segnet mich, damit meine Beziehung jetzt gelingen kann. Ich danke euch!«

Ich empfehle Gerlinde, sich vorzustellen, wie sie sich von ihren Eltern umarmen lässt und beide gemeinsam in ihr Herz atmet.

Nach der Bildung der Lösungssätze teste ich, dass Gerlinde jetzt ihre wahre Identität integrieren kann. Infolgedessen, dass sie ihren leiblichen Vater in ihr Herz genommen hat, wird sie dies auch mit jenem Partner tun können, der wirklich zu ihr passt.

Rückmeldung fünf Monate später

Gerlinde ist glücklich! Seit Kurzem ist sie in einer neuen Partnerschaft mit Ralph, die sie sehr erfüllt. Gerlinde: »Ich möchte anmerken, dass ich zuerst gar nicht offen war für Ralph. Er ist Raucher und trinkt ganz gerne Alkohol. Das hat mich anfänglich sehr gestört. Ich hatte eine Idealvorstellung von meinem zukünftigen Partner, der er nicht entsprach. Seit ich ihn näher kennengelernt habe, bin ich anderer Meinung. Ich kann nur jedem empfehlen, sich ohne Vorurteile auf den anderen einzulassen, weil man sonst Gefahr läuft, dem richtigen Partner erst gar keine Chance zu geben.«

Die Eifersucht meiner Schwester –
Das ungleiche Erbe

Fernaufstellung

Mona S. ist 39 Jahre alt, verheiratet und hat einen Sohn.

Eine Woche nach der Aufstellung ihrer Ursprungsfamilie ruft Mona mich an: »Ich habe jetzt endlich meinen Platz in meiner Familie gefunden! Was mir aber noch Probleme bereitet, ist die Eifersucht meiner jüngeren Schwester Katrin. Sie buhlt um den ersten Platz bei meinem Vater. Ich spüre, dass sie mich am liebsten weghaben würde! Meine Großmutter väterlicherseits hat Katrin mir gegenüber immer bevorzugt. Als sie starb, erbte meine Schwester alles, und ich ging leer aus.«

Um zu erkennen, was zwischen Mona und ihrer Schwester zu klären ist, mache ich eine Fernaufstellung.

Fernaufstellung mit Klötzchen

Ich stelle ein Klötzchen für Mona, eines für ihre Schwester und eines für den Vater ins Bild. Ich kann keine familiensystemischen Verstrickungen erkennen und teste, dass die Ursache aus einem früheren Leben stammt. Ich stelle ein weiteres Klötzchen auf und sehe darin folgendes Bild:

Mona als Priester in einem früheren Leben

Mona ist in diesem Leben ein Mann, ein evangelischer Pfarrer mit Familie. Katrin, ihre jetzige Schwester, war ihre damalige Tochter. Als Monas Frau sehe ich ihre heutige Großmutter. Ich erkenne, dass Mona aus ganzem Herzen Pfarrer ist. Als sie dann frühzeitig an einer Krankheit stirbt, vermacht sie den Großteil ihres Erbes der Kirche und nicht ihren Hinterbliebenen. Frau und Tochter fühlen sich übergangen und sind sehr erzürnt darüber.

Die Auswirkungen für Mona in diesem Leben

Als karmischen Ausgleich erlebt Mona im jetzigen Leben die finanzielle Benachteiligung der Großmutter, der sie im früheren Leben das Erbe schuldig geblieben ist.

Lösungssätze zur Klärung des früheren Lebens als Priester

Mona zur heutigen Schwester und zu ihrer Großmutter: »Ich übernehme meinen Teil der Verantwortung dafür, dass ich euch damals um euer Erbe gebracht habe. Es tut mir leid. Euren Teil der Verantwortung für diese Erfahrung lasse ich bei euch. Ich löse mich aus den alten Schuldgefühlen euch gegenüber! Es ist jetzt ausgeglichen zwischen uns.«

Katrins Eifersucht auf Mona ist noch nicht gelöst. In der Klötzchenaufstellung zeigt sich mir noch ein weiteres Leben der beiden.

Mona und Katrin als Schwestern in einem früheren Leben

Mona und Katrin sind zu jener Zeit ebenfalls Schwestern, allerdings ist Katrin die Ältere von beiden. Sie haben denselben Vater wie heute. Als Mutter der beiden Kinder zeigt sich die jetzige Großmutter väterlicherseits. Die Beziehung der Eltern ist keine Liebesverbindung. Die Mutter hat einen Geliebten, und der Vater ist sehr erzürnt darüber. Durch die schwierige Beziehung der Eltern wird ein Keil zwischen die Kinder getrieben, weil sich der Vater ganz mit Mona verbündet und Katrin mit der Mutter. Als der Vater stirbt, vermacht er sein gesamtes Vermögen seiner Tochter Mona. Ich sehe Schmuck, insbesondere Ringe, die Mona damals von ihm geerbt hat. Die Mutter und Katrin gehen leer aus. Katrin ist heute immer noch eifersüchtig auf die Verbindung, die Mona damals zu ihrem Vater hatte. Obwohl Mona nicht verantwortlich für diese Bevorzugung ist, hat sie dennoch die Schuldgefühle ihrer damaligen Eltern auf sich geladen.

Lösungssätze zur Klärung des früheren Lebens als Schwestern

Mona zum Vater: »Lieber Vater, deine Schuldgefühle und die Verantwortung meiner Schwester gegenüber, dass du sie hinsichtlich deiner Liebe und des Erbes benachteiligt hast, gebe ich dir jetzt wieder zurück, mich trifft keine Schuld daran.«

Mona zur jetzigen Mutter (damalige Großmutter): »Als meine damalige Mutter trägst du die Schuld an dem Keil, den du zwischen uns Schwestern getrieben hast. Ich lasse deine Verantwortung dafür mit allen damit verbundenen Schuldgefühlen jetzt bei dir. Katrin und mich trifft keine Schuld an dem, was zwischen euch beiden schiefgelaufen ist. Ich nehme nur meinen Teil der Verantwortung für die Erfahrung, die ich mir mit euch als Eltern gewählt habe.«

Mona zu Katrin: »Liebe Schwester, es tut mir leid, dass dich unser Vater damals mir gegenüber benachteiligt hat. Mich trifft keine Schuld daran. Das musst du mit Papa selber ausmachen. Du hast genauso viel Anrecht auf seine Liebe wie ich. Jede von uns darf jetzt wieder das bekommen, was ihr zusteht.«

Rückmeldung nach drei Monaten

Mona berichtet: »Auf Anraten meines Partners habe ich meiner Schwester vor Kurzem zum Geburtstag gratuliert. Sie hat sich sehr darüber gefreut und uns zwei Tage später zu der Taufe ihrer Tochter eingeladen. Zu meiner Verwunderung war es ein sehr harmonisches Familienfest.«

Der körperliche Schmerz als Schuldausgleich

Einzelaufstellung

Othmar F. ist 44 Jahre alt, ledig und hat keine Kinder.

Othmar kommt zu einer Einzelsitzung und möchte sich die Ursache für seine starken Schmerzen ansehen, die ihn seit fünfzehn Jahren begleiten. Beginnend an den Schultern, hat sich der Schmerz in den letzten Jahren auf Arme und Beine ausgedehnt. Othmar:»Ich war vorher ein gesunder, leistungsfähiger Mann. Plötzlich fingen diese Schmerzen an, die immer stärker wurden. Ich bin beruflich nicht mehr voll einsatzfähig, und meine Partnerin hat mich verlassen, weil ich mit ihr körperlich nicht mehr mithalten konnte. Ich habe Angst, mich auf meine jetzige Freundin einzulassen und ihr auch nicht zu genügen.«

Klötzchenaufstellung

Othmar stellt ein blaues Klötzchen für sich auf, ein großes gelbes für seinen Vater, den er als sehr aggressiv erlebt hat, und eine kleine gelbe Puppe für seine Mutter. Für seinen Schmerz schichtet er drei große, rote Bauklötzchen aufeinander und legt sie auf sein eigenes blaues Klötzchen.

Beim Austesten erkenne ich, dass Othmar die seelischen Schmerzen für seinen Großvater väterlicherseits trägt. Er kann sich kaum an ihn erinnern, weil sich die Großeltern kurz nach seiner Geburt getrennt hatten und sein Opa in ein anderes Bundesland gezogen ist. Es zeigt sich, dass die Großeltern die Ehe eingegangen waren, obwohl das Herz der Großmutter noch immer ihrer ersten großen Liebe gehört hatte. Othmar trägt den Zorn seines Großvaters über diese erste Liebe seiner Frau und dessen Trauer, weil er ihr Herz nie wirklich hat gewinnen können. Außerdem vertritt Othmar den Vater seines Großvaters, seinen Urgroßvater, über den Othmar nichts weiß, weil nie über ihn gesprochen wurde.

Lösungssätze

Othmar zum Urgroßvater: »Du gehörst dazu und bist der Vater für meinen Großvater, nicht ich. Ich lasse die väterliche Verantwortung für ihn jetzt bei dir.«

Othmar zu seinem Großvater: »Ich bin nicht dein Vater, ich bin dein Enkelsohn. Ich gebe dir jetzt die Verantwortung für dein Leben sowie deine Macht und Würde als Mann und Vater zurück. Es tut mir leid, Opa, dass deine Liebe mit der Oma nicht gelungen ist. All deine Gefühle von Wut und Trauer gegenüber ihrer ersten Liebe lasse ich jetzt bei dir, damit habe ich nichts zu tun.«

Beim Nachtesten erkenne ich, dass noch nicht alles gelöst werden konnte! Es zeigt sich, dass zuerst noch ein früheres Leben angeschaut werden muss.

Othmar als Pfarrer in einem früheren Leben

Ich bitte Othmar, ein weiteres Klötzchen aufzustellen für das, was zur Lösung beitragen könnte. Er stellt ein großes blaues Klötzchen in einiger Entfernung hin und meint: »Das gehört jetzt ganz weit weg.«

Ich sehe in diesem blauen Klötzchen ein früheres Leben von Othmar als evangelischer Pfarrer. Sein heutiger Urgroßvater, den er in diesem Leben bisher vertreten hat, war seine damalige Pfarrersköchin und sein jetziger Großvater war eines der fünfzehn Kinder, die er mit ihr gezeugt hat. Obwohl es ihm als evangelischem Pfarrer erlaubt gewesen wäre, zu heiraten, waren alle Kinder unehelich zur Welt gekommen. Als Othmar ein weiteres grünes Klötzchen als Grund hierfür hinstellt, zeigt sich darin Othmars große Liebe zu Gott. Er konnte der Mutter seiner Kinder keine Anerkennung und Liebe entgegenbringen und hat sie geringschätzig behandelt. Als er früh starb, ging ein Großteil seines Erbes an die Kirche und nicht an seine Familie. Seine damalige Frau (der jetzige Urgroßvater) war über diese Missachtung sehr erzürnt gewesen.

Auswirkungen auf Othmars jetziges Leben

Noch heute trägt er gegenüber seiner damaligen Frau (dem heutigen Urgroßvater) große Schuldgefühle in sich. Er nimmt die Wut und Trauer des Großvaters über dessen nicht gelungene Liebe auf sich, weil dies den Gefühlen seiner ehemaligen Frau, deren Liebe er nicht anerkennen und erwidern konnte, entspricht.

Lösungssätze zur Klärung des früheren Lebens

Othmar zu seiner damaligen Frau (heutigem Urgroßvater):
»Es tut mir leid, dass ich dir damals meine Liebe und Anerkennung nicht zeigen konnte! Mein Herz war nur auf Gott gerichtet. Von heute an achte ich dich als meine damalige Frau und Mutter unserer fünfzehn Kinder. Ich übernehme meinen Teil der Verantwortung für mein Handeln dir gegenüber und überlasse dir deinen Teil für die Erfahrung, die du damals mit mir zu machen bereit warst. Ich löse mich jetzt aus allen Schuldgefühlen dir gegenüber.«

Ich teste, dass Othmar noch immer blockiert ist, die Verantwortung für seine Schuldgefühle seiner damaligen Frau gegenüber zu übernehmen. Er will die Schuld der Kirche zuschieben, weil er ihr gegenüber ja auch sein Versprechen, »nur Gott zu lieben« abgelegt habe.

Othmar zur Kirche: »Ich übernehme jetzt meine Verantwortung dafür, dass ich mir das Gelübde, nur Gott zu lieben, selbst auferlegt habe. Da es mir heute nicht mehr dient, löse ich mich jetzt davon.«

Nun kann Othmar endlich die Verantwortung für sein damaliges Handeln übernehmen.

Das frühere Leben zeigt sich als gelöst. Erst jetzt können die familiensystemischen Verstrickungen mit seinem jetzigen Großvater und Urgroßvater gelöst werden (siehe Lösungssätze oben). Ich empfehle Othmar, zusätzlich zu seiner ärztlichen Behandlung noch kinesiologische Sitzungen zu absolvieren, um sein über die Jahre gebildetes Schmerzgedächtnis zu entkoppeln.

Rückmeldung ein Jahr später

Othmar: »Ich habe nach Ihrer Aufstellung noch eine Schmerztherapie gemacht, das hat mir für fast drei Monate Schmerzfreiheit gebracht. Ein paar Monate später sind meine Schmerzen von oben nach unten gewandert, ich spüre jetzt alles in den Beinen. Ich war sehr viel zu Fuß unterwegs, vielleicht habe ich mich zu sehr belastet? Beruflich bin ich wieder aktiv, das macht mir großen Spaß!« Ich empfehle Othmar, zu einer weiteren Aufstellung zu mir zu kommen, um die Ursache seines wandernden Schmerzes herauszufinden.

FALL NR. 18
Die Trennung –
»Ich bin schuldig, ich habe versagt!«

Einzelaufstellung

Othmar F. ist 44 Jahre alt, ledig und hat keine Kinder.

Drei Monate nach unserer letzten Einzelarbeit (siehe Fall Nr. 17) kommt Othmar wegen eines anderen Themas zu mir. Othmar und seine Freundin Sybille haben sich vor ein paar Tagen getrennt. Er ist sehr traurig darüber und möchte sich die Ursachen seiner gescheiterten Beziehung näher ansehen. Othmar erzählt, dass er und Sybille zusammen in ihrer Wohnung gelebt haben. In letzter Zeit habe er ihr nichts mehr recht machen können, und so habe sie ihn gebeten auszuziehen.
Othmar: »Sie hat mich sehr schlecht behandelt. Ständig hatte sie etwas an mir auszusetzen, auch vor anderen Leuten kritisierte sie mich derart, dass es schon peinlich war. Sie sprach mit mir wie mit einem kleinen Kind, behauptete, dass ich entscheidungsschwach sei, und vermittelte mir mehr und mehr das Gefühl, alles an mir sei falsch.«

Einzelaufstellung mit Kissen

Ich schlage Othmar vor, dass wir uns in der Aufstellung ansehen, was hinter Sybilles Kritik steckt bzw. warum es so weit gekommen ist, und bitte ihn, ein Kissen für sich und eins für Sybille zu legen. Er legt beide gegenüber auf den Boden.

Einfühlung auf Othmars Platz: Ich spüre, dass mich etwas nach hinten zieht. Es fühlt sich an, als ob mich Seile in die Vergangenheit ziehen wollten. Als ich zu Sybilles Kissen blicke, erkenne ich ein Feuer, das wie die Hölle auf mich wirkt. Als ich länger hinsehe, erkenne ich, dass Sybille für mich wie ein Selbstbestrafungsprogramm ist, sie ist meine selbst gewählte Hölle.

Ich bitte Othmar, ein Kissen für die Ursache dieses Selbstbestrafungsprogrammes hinzulegen. Er legt das Kissen in einiger Entfernung links neben sich hin.

Einfühlung auf Othmars Platz: Ich sehe in dem neuen Kissen eine Frau. Sie ist sehr wütend, sie schreit und macht vernichtende Gebärden in Richtung Sybille.

Da Othmar keine Idee hat, wer diese Frau sein könnte, teste ich kinesiologisch nach und lande bei Othmars Exfreundin Beate. Othmar kann sich nicht vorstellen, warum Beate auf Sybille wütend ist. Er und Beate sind schon seit Längerem getrennt und mittlerweile gut befreundet. Im Zusammenhang mit dieser Wut teste ich ein früheres Leben und bitte Othmar, ein weiteres Kissen hierfür ins Bild zu legen. Othmar legt dieses Kissen direkt vor sein eigenes hin.

Othmar in einem früheren Leben im Krieg

Einfühlung auf das frühere Leben: Ich sehe Bilder vom Krieg, abgebrannte, zum Teil noch lodernde Feuer. Eine Schlacht ist zu Ende gegangen, viele Tote liegen am Boden. Othmar ist einer der besiegten Soldaten nach dieser Schlacht, er ist am

Leben geblieben. Sybille sehe ich auf einem Pferd sitzen, sie ist ein feindlicher Soldat, also ein Sieger in dieser Schlacht. Beate ist auch in diesem Leben weiblich und gehört zum selben Volk wie Othmar. Als ich mich tiefer auf die Bilder einlasse, sehe ich folgende Szene: Othmar muss mit ansehen, wie Sybille den Sohn von Beate, einen blutjungen Soldaten, vor deren Augen tötet. Othmar fühlt sich hilflos, er hat keine Waffe mehr, er kann dem Jungen nicht helfen. Der Schmerz der verzweifelten Mutter brennt sich tief in seine Seele ein! Er fühlt sich schuldig, weil er nichts für sie tun kann. Lieber würde er selbst die Schmerzen von Beate fühlen, als die Tötung ihres Sohnes hilflos mit ansehen zu müssen.

Negative Glaubenssätze

Beim Nachtesten zeigt sich, dass Othmar aus diesem Erlebnis heraus die Glaubenssätze: »Ich bin schuldig. Ich bin ein Versager!«, über sich selbst entwickelt hat.

Auswirkung auf sein jetziges Leben

Mit diesen latenten Schuldgefühlen und Minderwertigkeitskomplexen traf Othmar im heutigen Leben auf Sybille, die ihn einst besiegte. Als Buße für sein damaliges Versagen Beate gegenüber lässt er sich von Sybille quälen und schlecht behandeln. Seinen inneren Glaubenssatz »Ich bin ein Versager« bestätigt sie ihm durch ihre kritischen Aussagen.

Lösungssätze zur Klärung des früheren Lebens

Da Othmar damals, auf dem Schlachtfeld eine Verantwortung auf sich genommen hat, die er eigentlich nicht hätte tragen müssen, bitte ich ihn, seinen eigenen Platz auf seinem Kissen einzunehmen und folgende Sätze zu Beate zu sprechen:

Othmar zu Beate: »Was du damals erlitten hast, tut mir leid. Ich hätte dir so gerne geholfen und deinen Sohn vor dem Tod gerettet. Ich konnte jedoch nichts tun, ich war hilflos. Dein Schicksal und deinen damit verbundenen Schmerz gebe ich dir jetzt wieder zurück. Sie gehören zu dir und nicht zu mir.«

Beim Nachtesten zeigt sich, dass Othmar noch nicht bereit ist, die Verantwortung an Beate zurückzugeben. Im nächsten Schritt muss sein emotionales Trauma von Schuld und Versagen gelöst werden. Ich empfehle ihm auch diesmal, eine Kinesiologin aufzusuchen, die diese Gefühle bei ihm entkoppeln kann. Othmar ist einverstanden. Er kann jetzt nachvollziehen, dass durch die Beziehung mit Sybille eine tiefe Wunde bei ihm offengelegt wurde, die Heilung benötigt.

Rückmeldung ein Jahr später

Othmars Stimme am Telefon klingt kräftig: »Ich habe noch zwei Sitzungen bei der von Ihnen empfohlenen Kinesiologin gehabt, wir konnten noch einige alte Gefühle entkoppeln. Von Sybille habe ich mich bald getrennt, ich war von ihrem Verhalten sehr enttäuscht. Bald nach unserer Sitzung habe ich meine jetzige Partnerin kennengelernt, eine sehr liebe Frau. Es geht mir gut mit ihr.«

Niemand kümmert sich um meine Mutter –
»Ich schütze dich, Mama!«

Telefonische Fernaufstellung

Angelika F. ist 38 Jahre alt, verheiratet und hat drei Kinder.

Angelika ruft mich verzweifelt an: »Mir platzt gleich der Kragen vor Wut, ich muss jetzt etwas loswerden! Du weißt, dass ich seit drei Monaten meine Mutter pflege. Obwohl es sehr anstrengend ist, tue ich es gern für sie. Sie war immer da für uns: Sie hat sich um meine Kinder und um die Kinder meiner Geschwister gekümmert, sonst hätten wir nicht arbeiten gehen können. Wenn wir sie nicht gehabt hätten, wäre an einen Urlaub gar nicht zu denken gewesen. Das Schlimme ist, dass sich von meinen vier Geschwistern sonst niemand um meine Mutter kümmert. Ich habe den Eindruck, es ist ihnen egal, ob sie zu Hause, im Pflegeheim oder schon auf dem Friedhof ist. Meine Schwester sagt immer: ›Wie du das aushältst! Ich hätte schon die Nerven verloren.‹ Wenn ich das höre, tut es mir total weh, und es macht mich wütend. Das hat unsere Mutter nicht verdient!«

Ich unterbreche Angelika: »Während du gesprochen hast, habe ich ein Bild von dir und deiner Mutter gesehen. Du legst schützend deine Arme um sie und lässt niemanden an sie heran. Ich teste in diesem Zusammenhang ein früheres Leben.

Angelika als Beschützerin ihrer Mutter in einem früheren Leben

Angelikas Mutter war auch in einem früheren Leben ihre Mutter. Sie hatte auch die gleichen Geschwister wie heute. Die Mutter war damals auch sehr krank und pflegebedürftig. Ihre Geschwister konnten es kaum erwarten, dass sie stirbt, um an das Erbe heranzukommen. Sie hätten einem früheren Tod der Mutter gerne nachgeholfen. Angelika war die Einzige, der die Mutter vertrauen konnte. Angelika gab ihr das Versprechen, sie vor allen anderen zu beschützen, und pflegte sie allein bis zu deren Tod.

Auswirkungen auf Angelikas jetziges Leben

Angelika trägt unbewusst noch immer die Furcht in sich, ihre Geschwister könnten der Mutter etwas antun, und sie glaubt, dass sie sie vor ihnen schützen muss. Deshalb lässt sie auch heute noch niemanden an die Mutter heran. Sie glaubt, die Einzige zu sein, die der Pflege der Mutter gewachsen ist. Es fühlt sich außer ihr auch niemand für die Mutter verantwortlich.

Angelika spricht am Telefon folgende Lösungssätze

Angelika zur Mutter: »Liebe Mama, ich löse mich jetzt von dem Versprechen, dich vor allen anderen zu schützen und bis zu deinem Tod allein für dich da zu sein! Du bist jetzt sicher!«

Angelika zu ihren Geschwistern: »Ich vertraue euch, dass unsere Mama jetzt bei euch sicher und gut aufgehoben ist. Ich gebe euch eure Verantwortung und eure Macht und Würde wieder zurück, für sie da zu sein.«

Ich schlage Angelika vor, den Raum für ihre Geschwister zu öffnen, indem sie in ihrer Vorstellung alle einlädt, ihre Mutter zu besuchen. Bereits beim Aussprechen der ersten Lösungssätze spürt Angelika eine große Erleichterung.

Angelika: »Es fühlt sich an, als ob ein großer Stein von mir abgefallen wäre! Auch die Wut hat sich völlig aufgelöst.«

Rückmeldung nach zwei Tagen

Angelika ruft mich an, um mir nochmals zu danken. Ihre Einstellung den Geschwistern gegenüber hat sich völlig verändert, auch ihr Groll gegen sie ist wie weggeblasen. Das Verhältnis zur Mutter ist ebenfalls entspannter. Die Verantwortung, als Einzige für sie da sein zu müssen, ist von ihr abgefallen.

»Wir können keine Nähe zwischen uns zulassen« – Die verbotene Liebe

Einzelarbeit

Liane G. ist 39 Jahre alt, geschieden und hat einen Sohn.

Ich sehe Liane bei einem Gruppentreffen von befreundeten Energetikern und Lebensberatern. Wir tauschen dort unsere Erfahrungen aus und arbeiten miteinander an unseren eigenen Themen. Liane will sich mit mir Folgendes ansehen:
Liane: »Ich bin seit zwei Monaten mit Michael zusammen. Es geht uns gut miteinander. Aber jedes Mal, wenn wir uns sehr nahe kommen, gibt es kurz darauf einen heftigen Bruch. Wir streiten dann und reden oft längere Zeit nicht miteinander. Es ist so schade, dass diese Nähe zwischen uns immer wieder zerstört wird!«

Beginn der Einzelarbeit

Da ich keine Klötzchen bei mir habe, bitte ich meine innere Führung, mir die Ursache zu zeigen, die hinter dieser Dynamik steckt. Folgende Bilder aus einem früheren Leben von Liane und Michael tauchen auf:

Liane und Michael als Indianer in einem früheren Leben – Die verbotene Liebe

Ich sehe Liane und Michael als Indianer in einem Zelt sitzen. Sie nähern sich einander verliebt und innig. Plötzlich stürmen andere Indianer in das Zelt. Sie reißen die beiden wütend auseinander und zerren sie hinaus. Zuerst verstehe ich die Bilder nicht, aber dann wird mir gezeigt, dass Liane und Michael nicht demselben Indianerstamm angehören. Sie müssen ihre Liebe zueinander heimlich leben, weil sie von ihren Vätern bereits anderen Partnern versprochen wurden.

Auswirkungen auf Lianes jetzige Beziehung mit Michael

Liane und Michael spüren unbewusst immer noch das Verbot, ihre Liebe offen zu leben. Dies zeigt sich immer dann, wenn sich zwischen ihnen eine besondere Nähe entwickelt. Deshalb haben beide die Tendenz, sich zu bestrafen bzw. diese Nähe zu zerstören.

Lösungssätze zur Klärung des früheren Lebens

Liane zu ihrem damaligen Vater: »Lieber Vater, alle Macht und Selbstbestimmung als Frau, die ich als deine damalige Tochter an dich abgegeben habe, um mich deinem Willen zu beugen, nehme ich jetzt wieder zu mir zurück. Ich selbst entscheide jetzt darüber, wen ich als meinen Partner erwähle. Das Verbot, Michael zu lieben, lasse ich jetzt bei dir. Es gehört nicht mehr in mein heutiges Leben.«

Liane zu Michael: »Lieber Michael, damals war es mir verboten, dich zu lieben. Aber heute bin ich frei für dich, und du darfst mich als deine Partnerin haben. Ich erlaube mir, dich zu lieben, und du darfst auch mich lieben.«

Rückmeldung nach drei Monaten

Liane erzählt mir, dass sie nach unserer Einzelarbeit mehr Nähe mit Michael zulassen konnte. Eine totale Öffnung zwischen beiden war erst nach einem Reading von Michael möglich. Hier lässt sich erkennen, dass ein Thema manchmal auf mehreren Ebenen beleuchtet werden muss, um ganz gelöst zu werden.

»Ich muss mein Leben für die Beziehung aufgeben« – Die dienende Haremsfrau

Fernaufstellung am Telefon

Sylvia K. ist 52 Jahre alt, ledig und hat keine Kinder.

Sylvia ruft mich ganz aufgeregt an und erzählt mir folgende Begebenheit:

Sylvia: »Ich habe vor Kurzem Gregor, einen sehr interessanten Mann, kennengelernt. Wir haben uns auch gleich ineinander verliebt. Eigentlich müsste ich glücklich sein, aber wenn ich daran denke, mich näher auf ihn einzulassen, werde ich sehr traurig und bekomme Angst, mein eigenes Leben für ihn aufgeben zu müssen.«

Ich bin anfangs über ihre Aussage verwundert und teste kinesiologisch nach, ob dieses Gefühl aus diesem Leben stammt. Es zeigt sich jedoch ein früheres Leben von Sylvia. Folgende Bilder tauchen bei mir auf:

Sylvia als Haremsfrau in einem früheren Leben mit Gregor

Ich sehe Sylvia in Ägypten, inmitten eines großen Harems. Sie ist dort nicht irgendeine Frau, sie ist Gregors Lieblingsfrau und dient ihm mit Liebe und voller Hingabe. Sich schön zu machen und für ihn da zu sein, wann immer er sie braucht, ist in diesem Leben ihre einzige Aufgabe.

Auswirkungen aus Sylvias früherem Leben
auf ihre jetzige Situation

Unbewusst verbindet sie die Person Gregors mit dem Gedanken, ihm dienen und damit auf ihr eigenes Leben verzichten zu müssen. Da Sylvia bisher für sich alleine ein sehr erfülltes Leben geführt und viele Interessen und Freundschaften gepflegt hat, löst die Vorstellung, dies alles aufgeben zu müssen, Trauer und Angst in ihr aus. Ich mache Sylvia bewusst, dass diese Gefühle nicht in ihr heutiges Leben gehören und sie diese jetzt loslassen kann.

Lösungssätze zur Klärung ihres früheren Lebens
als Haremsfrau

Sylvia zu Gregor: »Alle Versprechen aus meinem damaligen Leben als Haremsfrau, die ich dir gegeben habe, löse ich jetzt: das Versprechen, nur dir zu gehören, dir mit allem zu dienen, was ich bin, und auf ein eigenes Leben und andere Männer zu verzichten; mein Versprechen, nur dich zu lieben und nur für dich da zu sein, wann immer du mich brauchst. Ich gebe dich frei von dem damaligen Vertrag, die Verantwortung für mich zu tragen und immer für mich zu sorgen. Ich nehme alle Verantwortung für mein Leben und meine Kraft und Würde als Frau, die ich an dich abgegeben habe, zu mir zurück. Ich gehöre nur mir selbst, und ich allein bestimme über mein Leben und darüber, mit wem ich zusammen sein möchte.«

Nachdem Sylvia am Telefon die Lösungssätze gesprochen hat, ist sie sehr erleichtert.

Rückmeldung

Sie ruft mich zwei Tage später wieder an und bedankt sich bei mir. Sylvia: »Meine Ängste, mein Leben für die Beziehung aufgeben zu müssen, haben sich völlig gelöst. Ich spüre, dass ich mich jetzt auf die Beziehung mit Gregor einlassen kann.«

FALL NR. 22
»Meine Angst vor dem Chef« –
Die alte Schuld dem Vater gegenüber

Gruppenaufstellung

Cassandra S. ist 28 Jahre alt, ledig und hat keine Kinder.

Cassandra erzählt in der Gruppe: »Ich habe vor, in den nächsten Monaten meinen Job zu kündigen, weil ich ein interessanteres Angebot bekommen habe. Schon jetzt quält mich die Angst vor der Reaktion meines Chefs. Ich befürchte, dass er meine etwaigen Abfindungsansprüche boykottieren wird und ich mich ihm gegenüber wieder nicht durchsetzen kann.«

In der Austestung zeigt sich, dass es eigentlich um einen Konflikt zwischen Cassandra und ihrem Vater geht – eine Situation, die sie nun mit ihrem Chef ähnlich erlebt. Ich bitte sie daher, sich selbst, den Chef und ihren Vater aufzustellen.

Beginn der Gruppenaufstellung

Im Aufstellungsbild weicht Cassandras Darstellerin sofort vor ihrem Chef zurück. Sie kann ihm nicht gleichwertig begegnen. Als sie sich dem Vater zuwendet, macht sie folgende Aussage: »Papa, könntest du das nicht für mich mit dem Chef erledigen, nur das eine Mal noch?« Der Vater verneint lächelnd. Cassandra hat die Verantwortung für ihr Leben noch nicht übernommen. Der Grund dafür ist, dass sie ihrem Vater die Mutter ersetzt und sich für ihn verantwortlich fühlt, deshalb ist sie mit ihrer Aufmerksamkeit an ihn gebunden und hat symbolisch ihre Hände noch nicht frei für ihr eigenes Leben.

Lösungssätze

Cassandras Darstellerin zum Vater: »Lieber Papa, ich kann deine Mutter nicht ersetzen, sie ist die einzig richtige Mama für dich, nicht ich. Ich gebe dir jetzt die Verantwortung für dein Leben sowie deine Macht und Würde als Mann und Vater zurück.«

Ihr Vater weicht vor der Verantwortung zurück, will sie nicht annehmen! Auch Cassandras Darstellerin meint, dass es ihr sehr schwergefallen ist, dem Vater seine Verantwortung zuzumuten.

Beim Nachtesten zeigt sich, dass sich die Situation zwischen ihr und ihrem Vater auf der familiensystemischen Ebene nicht lösen lässt. Ich teste als Ursache ein früheres Leben und bitte Cassandra, ein Kissen dafür zu legen.

Cassandra als Mutter ihres Vaters in einem früheren Leben

In diesem neuen Kissen erkenne ich ein früheres Leben von Cassandra als Mutter ihres jetzigen Vaters. Ich sehe, dass sie sich nicht um ihn kümmern kann, der Vater des Kindes ist nirgends zu sehen. Cassandras Darstellerin sieht in dem Kissen immer nur Blut und wirkt sehr bedrückt. Als ich weiter in das Bild hineingehe, sehe ich, dass Cassandra ihren Sohn damals aus Verzweiflung umgebracht hat, weil sie ihn nicht versorgen konnte.

Auswirkungen auf ihr jetziges Leben

Cassandra hat heute noch starke Schuldgefühle gegenüber ihrem Vater und will in diesem Leben für ihn die Mutter sein, die sie ihm im damaligen Leben nicht sein konnte. Daher fällt es ihr schwer, ihm die Verantwortung für sein Leben zuzumuten und ihn in seiner Größe als Vater zu sehen.

Lösungssätze zur Klärung des früheren Lebens

Cassandras Darstellerin zum Vater: »Lieber Papa, es tut mir leid, was ich dir damals angetan habe, es war schlimm! Ich nehme jetzt meinen Teil der Verantwortung dafür, dich umgebracht zu haben. Deinen Teil der Verantwortung für diese Erfahrung, die du dir mit mir als Mutter gewählt hast, lasse ich jetzt bei dir.«

Cassandras Darstellerin ist erleichtert, ihr Vater kann seinen Teil der Verantwortung gut annehmen. Ich teste, dass sich Cassandras Schuldgefühle aus dem damaligen Leben jetzt ganz gelöst haben.

Als ich sie jetzt bitte, ihm die Verantwortung für sein Leben zuzumuten und ihm seine Macht und Würde als Mann und Vater zurückzugeben, fließen die Sätze ganz leicht. Cassandra nimmt jetzt auch ihre Eigenverantwortung vom Vater zurück:

Cassandras Darstellerin zum Vater: »Lieber Papa, danke für alles! Ich übernehme jetzt die Verantwortung für mein Leben, und du bist frei davon.«

Cassandras Darstellerin wächst mit diesem Satz in ihrer Macht und Kraft. Auch gegenüber ihrem Chef fühlt sie sich jetzt sicher, ihre Anliegen vorzubringen.

Auch der *Darsteller für ihren Chef* meint: »Das ist jetzt eine ganz andere Gesprächsposition zwischen uns! «

Er spürt ebenfalls ihre neu gewonnene Kraft. Als Cassandra selbst ihren Platz einnimmt, fühlt sie sich sehr gestärkt und spürt keinerlei Furcht davor, eine einvernehmliche Kündigung anzustreben und ihr Recht auf eine Abfindung einzufordern.

Rückmeldung anderthalb Jahre später

Cassandra: »Angst habe ich vor meinem Chef keine mehr. Er hat zwar so seine Vorstellungen, wie ich meine Arbeit machen soll, aber ich lasse mich von ihm nicht mehr manipulieren. Seit der Aufstellung kann mich ihm gegenüber viel besser durchsetzen. Das andere Jobangebot ist noch aktuell, aber es wird noch etwas dauern, bis es spruchreif wird.«

Die Sehnsucht und die Abwehr, Jesus in sich zu spüren

Einzelaufstellung

Andrea L. ist 38 Jahre alt, verheiratet und hat keine Kinder.

Andrea L. kommt zu mir, um sich anzuschauen, warum sie sich von ihrem Exfreund Jahn nicht lösen kann und deshalb für ihren jetzigen Partner Ronald nicht frei ist.

Andrea: »Ich hatte eine sehr spirituelle Verbindung zu Jahn. Wenn wir uns trafen, haben sich zuerst unsere Seelen, dann unsere Herzen und bald darauf auch unsere Körper zu einer Einheit verbunden. Er war der Mann, der mein Interesse an der Bibel geweckt und mich dadurch auch Jesus nähergebracht hat. Unsere Sexualität war wie ein Gebet zu Gott, in dem wir zu einer Einheit verschmolzen sind. Getrennt haben wir uns, weil er sich auch zu anderen Frauen hingezogen fühlte und sich nicht auf eine einzige Bindung einlassen konnte. Es hat viele Jahre gedauert, mich von ihm zu lösen. Erst vor Kurzem ist mir bewusst geworden, dass ich ohne ihn nicht zu Jesus gelangen kann. Es scheint nur mit ihm gemeinsam möglich zu sein.«

Klötzchenaufstellung

Andrea stellt ein Klötzchen für sich selbst, eines für Jahn und eines für Jesus auf. Ihr eigenes Klötzchen steht abseits von beiden, sie spürt die Sehnsucht, sich mit Jesus zu verbinden, sieht dafür aber keinen Weg. Als wir ein weiteres Klötzchen hinstellen, das eine Möglichkeit zeigen soll, ihre Verbindung zu Jesus zulassen zu können, zeigt sich darin Maria Magdalena. Andrea beginnt zu strahlen und stellt Jesus neben Maria Magdalena. Es wird ihr plötzlich klar, dass sie die alleinige Erhöhung des männlichen Gottesaspektes nicht akzeptieren und daher die Verbindung zu Jesus ohne den weiblichen Aspekt nicht annehmen konnte. Jetzt ist ihr Gottesbild vollständig und wahrhaftig. Sie spürt einen massiven Widerstand gegen die Kirche und verurteilt sie für die jahrhundertelange Unterdrückung der Frau. Als wir die Institution Kirche dazustellen, zeigt sich, dass Andrea selbst in einem früheren Leben als Kardinal das Weibliche aus ihrem damaligen Gottesbild eliminiert hatte. Sie versteht jetzt, warum sie heute als Frau um ihren Platz in der Kirche zu kämpfen hat. Mit folgenden Lösungssätzen übernimmt sie nun die Verantwortung für ihr Handeln:

Lösungssätze zur Klärung des früheren und des jetzigen Lebens

Andrea zur Kirche: »Auch ich war eine von euch und habe als Mann mitgeholfen, die Macht und Kraft des Weiblichen aus der Kirche zu eliminieren. Ich übernehme jetzt meinen Teil der Verantwortung für mein damaliges Handeln.«

Andrea muss noch ein Gelübde auflösen, das sie im damaligen Leben abgelegt hat, um die weibliche Seite ihrer Verbindung zu Gott wieder annehmen zu können.

Andrea zur Kirche: »Ich löse mich jetzt von dem Gelübde, nur dem männlichen Gotteskanal Jesus Christus, dem einzigen

Sohn Gottes, zu dienen. Ich erlaube mir jetzt wieder, auch den weiblichen Kanal Gottes anzuerkennen.«

Andrea blickt freudig zu Maria Magdalena.

Andrea zu Maria Magdalena: »Du gehört dazu! Nur mit dir bin ich ganz. Ich erkenne dich als weiblichen Kanal Gottes an.«

Andrea ist sehr ergriffen von der Vervollständigung ihres Gottesbildes. Erst jetzt kann sie sich Jesus zuwenden.

Andrea zu Jesus: »Ich bin jetzt wieder bereit, dich als männlichen Gotteskanal anzunehmen und dich in mir zu spüren.«

Andrea ist glücklich und nimmt Jesus und Maria Magdalena in ihr Herz. Sie kann die Liebe spüren, die beide verbindet und die jetzt auch in ihr fließen kann.

Andrea zu Jahn: »Danke, dass ich durch dich Jesus wieder näherkommen konnte. Jetzt erlaube ich mir, wieder meine eigene Verbindung zu Jesus zu spüren. Ich kann dich jetzt gehen lassen, ich brauche dich nicht mehr!«

Rückmeldung nach einem Monat

Andrea ruft mich an, um mir mitzuteilen, dass sie sich von ihrem Exfreund Jahn gut gelöst hat. Sie kann jetzt ihre eigene Ganzheit spüren und muss den männlichen Aspekt ihrer Verbindung zu Gott nicht mehr von Jahn abhängig machen.

»Es darf mir nicht gut gehen« –
Die blockierte Lebenslust

Einzelaufstellung

Manuela F. ist verheiratet und hat drei Kinder.

Manuela kommt mit folgenden Symptomen in meine Praxis: geschwollener Bauch, Magendrücken und vergrößerte Leber. Manuela: »Ständig habe ich irgendwelche Schmerzen. Ich möchte gerne, dass es mir gut geht, meine Verdauung wieder funktioniert und ich liebevoller mit meinem Körper umgehen kann. Immer wenn es mir körperlich besser geht, höre ich auf, für mich zu sorgen. Ich möchte mir die psychischen Ursachen für meine körperlichen Beschwerden ansehen und lösen, damit ich mein Leben ohne Schmerzen genießen kann.«

Einzelaufstellung mit Kissen

Manuela legt ein Kissen für sich selbst, eins für ihr Ziel (gesund zu sein und das Leben genießen zu können) und ein Kissen für die Blockade.

Einfühlung auf Manuelas Platz: Ich konzentriere mich auf die Blockade und spüre, dass es mir ein bisschen gut gehen darf, aber nicht zu viel. Hinter der Blockade erkenne ich die Institution der katholischen Kirche. Ich sehe viele Männer und spüre, dass ich ihnen in verschiedenen Leben viel von meiner Macht und Kraft als Frau abgegeben habe. Ich fühle mich klein und ausgeliefert, ich spüre viele Verbote, Angst steigt in mir hoch!

Ich bitte Manuela, ihren Platz selbst einzunehmen und folgende Lösungssätze zu sprechen:

Lösungssätze zur Klärung von diesem und von früheren Leben

Manuela zur Institution der katholischen Kirche: »Ich nehme jetzt alle Macht und Kraft, die ich jemals an euch abgegeben habe, wieder zu mir zurück.«

Sie nimmt diese Energie direkt in ihren Solarplexus hinein, fühlt sich gestärkt und die Ängste lösen sich.

»Ich gebe euch alle Ge- und Verbote zurück, die ich von euch übernommen habe, die mir nicht mehr dienen. Ich löse mich von dem Glaubensmuster, dass die körperliche Lust etwas Schlechtes ist, dass das Leben Leid und Askese bedeutet und dass man sein Kreuz tragen muss, um in den Himmel zu kommen. Ich löse mich von der Vorstellung, dass das Leben ein Sündenfall ist, für den ich mich selbst bestrafen muss. Ich verabschiede mich jetzt von diesem Schuld-Sühne-Programm der Kirche und übernehme die Verantwortung dafür, dass ich freiwillig hierhergekommen bin, um Lernerfahrungen zu machen. Ich löse mein Gelübde, nur Gott zu lieben, das ich euch als Nonne und Priester in meinen früheren Leben gegeben habe, und löse mein Keuschheitsgelübde, das besagte, dem körperlichen und weltlichen Leben zu entsagen. Ich bedanke mich für alles, was ich bei euch lernen durfte, und verneige mich vor meinen Erfahrungen mit der katholischen Kirche. Ich lasse es jetzt gut sein bei euch. Ich bin jetzt bereit, meinen Körper, meine Lust und meine Sexualität wieder voll und ganz zu genießen.«

Nachdem Manuela alle Lösungssätze gesprochen hat, ist sie tief bewegt und erleichtert. Ich schlage ihr noch vor, abgespaltene Anteile ihrer Weiblichkeit zurückzunehmen, die sie aufgrund von Ängsten aus früheren Leben von sich abgeschnitten hat.

Lösungssätze zur Integration abgespaltener Anteile

Manuela zu sich selbst: »Ich löse mich jetzt von dem Versprechen, nie wieder hellzusehen, das ich mir selbst gegeben habe, und gestatte mir wieder, voll und ganz meine Hellsichtigkeit in dem Maße zu leben, wie es jetzt gut ist für mich. Ich löse mich von dem Versprechen, nie wieder zu heilen, und nehme jetzt all meine heilenden Fähigkeiten, mein Wissen und meine Weisheit zu mir zurück. Ich löse jetzt mein mir selbst gegebenes Versprechen, nie wieder meine Wahrheit auszusprechen, und erlaube mir wieder, meine Wahrheit und Intuition voll und ganz zum Ausdruck zu bringen.«

Erfüllt mit all ihren zurückgenommenen Anteilen, ist Manuela jetzt in der Lage, sich auf ihr Ziel auszurichten, dass es ihr gut gehen darf und sie ihr Leben genießen kann. Manuela: »Es fühlt sich an, als wenn reinigendes Wasser über mich fließen, mich segnen und erfüllen würde.«

Sie beschreibt es als einen heiligen Moment, den sie noch nie zuvor erlebt hat. Es kommt das Bedürfnis in ihr hoch, sich bei ihrer Mutter, die bei ihrer Geburt gestorben ist, für ihr Leben zu bedanken.

Manuela zu ihrer Mutter: »Liebe Mama, ich danke dir für mein Leben, dir zu Ehren werde ich es jetzt genießen. Bitte gib mir deinen Segen, dass es gelingen darf.«

Rückmeldung ein Jahr später

Manuela: »Obwohl ich im letzten Jahr eine schwere Zeit durchgemacht habe, bin ich dankbar für alle Tore, die mir dadurch zur Weiterentwicklung geöffnet wurden. Ich spüre wieder mehr Lebensfreude und Lebenslust. Im Umgang mit mir selbst bin ich viel liebevoller geworden. Mein Zugang zur Spiritualität hat sich erweitert, und ich habe dadurch das Vertrauen, dass sich in meinem Leben alles fügen wird. Ich habe angefangen, mir meine Welt positiver zu gestalten. Meine Schmerzen sind noch nicht weniger geworden, daran arbeite ich noch mit körperbezogenen Therapiemethoden.«

Schwangerschaft und Sexualität –
Die tödliche Bedrohung

Einzelaufstellung

Maria R. ist 32 Jahre alt, verheiratet und hat noch keine Kinder.

Maria kommt zur Einzelarbeit. Sie ist zum ersten Mal schwanger und freut sich sehr auf das Baby. Maria: »Seit ich schwanger bin, kann ich mich nicht mehr sexuell auf meinen Mann einlassen. Ich nehme ihn kaum mehr als Partner wahr, meine Aufmerksamkeit gilt nur noch dem Baby. Es ist jetzt schon Wochen her, dass wir miteinander geschlafen haben. Ich habe Angst, dass er fremdgeht, wenn ich ihn weiterhin sexuell ablehne. Ich möchte wissen, warum ich mich in der Schwangerschaft nicht auf die Sexualität mit meinem Mann einlassen kann.«

Einzelaufstellung mit Klötzchen

Maria legt ein rotes Klötzchen für sich selbst hin, ein blaues für das Baby rechts neben sich und ein grünes für ihren Mann in einiger Entfernung gegenüber. Das Bild zeigt, dass ihr Baby den Partnerplatz rechts neben ihr einnimmt, während ihr Mann von der Mutter-Kind-Beziehung ausgeschlossen ist. Ich bitte Maria, ein weiteres Klötzchen für die Ursache dafür hinzulegen, dass sie ihren Mann aus ihrer Beziehung mit dem Kind ausschließt. Sie nimmt ein großes rotes Klötzchen und legt es zwischen sich und ihren Mann. Ich erkenne darin ein früheres Leben Marias als Prostituierte.

Maria als Prostituierte in einem früheren Leben

Das Bild zeigt Maria, die von ihrem damaligen Partner, der auch ihr Zuhälter war, schwanger ist. Durch den ungeschützten Sexualverkehr mit ihm steckt sie sich während der Schwangerschaft mit Syphilis an und stirbt mit dem Baby im Bauch. Ihr letzter verankerter Glaubenssatz aus diesem Leben lautet: Der Mann bringt mir und dem Baby den Tod! Maria ist erschüttert über die Bilder, die sich zeigen, und will ihrem damaligen Partner nicht vergeben für das, was er ihr und dem Kind angetan hat!

Auswirkungen auf Marias jetziges Leben

Da Maria diesen negativen Glaubenssatz immer noch in sich gespeichert hat, empfindet sie Sexualität während der Schwangerschaft auch heute noch als lebensbedrohlich für sich selbst und das Baby.

Lösungssätze zur Klärung des früheren Lebens

Maria hat sich damals als Opfer ihres Partners gefühlt. Es geht jetzt darum, eigenverantwortlich zu erkennen, dass sie mitschuldig ist an dem, was passiert ist, weil sie ungeschützten Sexualverkehr mit einem Mann hatte, obwohl sie wusste, dass dieser auch mit anderen Frauen geschlafen hat.

Maria zu ihrem damaligen Partner: »Für meinen Tod und den Tod unseres Kindes mute ich dir deinen Teil der Schuld und Verantwortung zu. Auch ich übernehme jetzt die Verantwortung für mein leichtsinniges Verhalten, mich und das Baby in Gefahr gebracht zu haben.«

Ich bitte Maria, die damalige schwangere Frau, die sie war, in ihr Herz zu nehmen und ihr das Gefühl von Sicherheit und Geborgenheit zu geben. Maria laufen dabei die Tränen über die Wangen. Sie soll sich jetzt vorstellen, wie sie den alten Glaubenssatz »Der Mann bringt mir und dem Baby den Tod« aus ihrem Mentalkörper herauslässt.

Aufstellungsbild

Maria blickt jetzt noch einmal auf die Klötzchenaufstellung und erkennt, dass ihr jetziger Partner keinerlei Bedrohung für sie und das Baby darstellt. Er hat keinen sexuellen Kontakt zu anderen Frauen und freut sich auf ihr gemeinsames Kind. Sie spürt, dass sie ihn ohne Bedenken in ihren Körper eindringen lassen kann. Sie und das Baby sind jetzt sicher!

Lösungssätze zur Klärung der Rollen

Maria zu ihrem Mann: »Lieber Ralf, nicht unser Baby, sondern du bist mein Partner.«

Maria zu ihrem Baby: »Du bist nicht mein Partner, du bist unser Kind. Dein Vater ist mein Partner.«

Im Aufstellungsbild steht ihr Mann steht jetzt an ihrer rechten Seite und ihr Baby dicht bei ihnen.

Rückmeldung nach zwei Wochen

Maria ruft mich an, um sich bei mir zu bedanken. Sie freut sich, dass sie sich auf ihren Mann wieder sexuell einlassen kann, und genießt es, sich mit ihm zusammen auf ihr Baby zu freuen.

Unerfüllter Kinderwunsch –
»Ich achte den Verlust deiner Kinder!«

Gruppenaufstellung

Maria L. ist 32, Anton L. ist 34 Jahre alt. Sie sind verheiratet und kinderlos.

Maria hat bereits zwei künstliche Befruchtungen hinter sich. Beim zweiten Versuch wurde sie schwanger, hatte aber nach einigen Wochen eine Fehlgeburt. Bevor sie nun einen dritten Versuch starten, wurde ihnen von einer Freundin angeraten, zuerst eine Familienaufstellung zu machen. Bereits im Vorgespräch zeigt sich, dass es bei beiden im Familiensystem eine Vielzahl an früh Verstorbenen gibt, die noch Würdigung für ihr Schicksal brauchen, um ihren Platz in der Familie in Frieden einnehmen zu können. Ich empfehle beiden, zuerst ihre jeweilige Ursprungsfamilie aufzustellen.

Marias Ursprungsfamilienaufstellung

Marias Darstellerin kann anfänglich gar nicht auf das Kinderwunschthema schauen, weil sie einige früh verstorbene Ahnen vertritt und ihr Blick für ihr eigenes Leben und die eigene Familiengründung nicht frei ist. Sie fühlt sich zu belastet, um sich einer neuerlichen Verantwortung als Mutter zu stellen.

Lösungssätze

Maria zu den früh verstorbenen Ahnen: »Ihr gehört dazu, ich ehre und achte euer Schicksal und euren frühen Tod. Ihr habt euren eigenen Platz, den ich nicht ausfüllen kann. Bitte schaut freundlich auf mich, damit ich noch ein gutes Leben und eigene Kinder haben kann.«

Indem ihre früh verstorbenen Ahnen freundlich auf sie schauen, segnen sie Marias Leben. Vier Kinder von Marias Urgroßmutter mütterlicherseits sind bald nach der Geburt gestorben. Sie hat von ihr die Angst übernommen, weitere Kinder zu gebären, die sie dann wieder verlieren würde.

Maria zu ihrer Uroma: »Liebe Uroma, ich achte dein schweres Schicksal und den Verlust deiner vier Kinder.« Maria verneigt sich vor ihr. »Alle damit verbundenen Gefühle von Schuld und Trauer lasse ich jetzt bei dir. Auch deine Angst, wieder ein Kind zu empfangen, zu gebären und es wieder zu verlieren, gebe ich dir in Liebe zurück. Das hast du erlebt und erlitten, nicht ich. Bitte segne mich, damit meine Kinder jetzt gut im Leben bleiben können. Ich danke dir.« Maria ist beim Sprechen der Lösungssätze sehr bewegt.

Maria ersetzt beiden Eltern deren Mütter, dadurch ist sie in der Verantwortung für ihre Eltern gebunden. Sie gibt beiden Großmüttern die Verantwortung für Mutter und Vater zurück und ihren Eltern die Verantwortung für ihr eigenes Leben, damit sie jetzt wieder das Kind ihrer Eltern sein kann.

Erst als wir alle diese Verstrickungen lösen, fällt eine große Last von ihr ab, und sie kann frei in ihr eigenes Leben blicken.

Maria erhält den Segen der Urgroßmutter, dass ihre Kinder von nun an gut im Leben bleiben dürfen. Auch die Eltern stehen hinter ihr und segnen ihre Fruchtbarkeit. Wir lassen die Lösungsbilder dieser Aufstellung als ersten Schritt wirken.

A. Pelipnal

»Ich bin schuld an ihrem Tod!« –
Das frühere Leben als Babysitter

Einzelarbeit – Fortsetzung von Fall Nr. 26

Zwei Wochen nach der Ursprungsfamilienaufstellung kommen Maria und Anton zu einer Einzelarbeit zu mir. Maria erzählt mir von einer Rückführung, die sie vor zwei Monaten gemacht hat. Das Leben, von dem sie in der Rückführung erfahren hat, löst immer noch Trauer in ihr aus. Ich teste, dass das Trauma aus jener Zeit noch nicht gelöst wurde und bitte sie, mir die Geschichte zu erzählen.

Marias früheres Leben als Kinderbetreuerin – ich bin schuld an ihrem Tod!

Maria: »Ich sah mich als Babysitter von zwei Kindern, einem Buben und einem Mädchen im Alter von zwei und fünf Jahren. Die beiden standen mir sehr nahe, als wären es meine eigenen Kinder. Als ich sie für einen Moment aus den Augen ließ, verunglückten beide. Ich konnte nicht sehen, wie sie gestorben sind, aber ich weiß, dass es meine Schuld war, weil ich nicht gut genug auf sie aufgepasst hatte.«

Ich teste, dass Maria immer noch starke Schuldgefühle aus diesem Leben in sich trägt, die ihr nicht erlauben, selbst Mutter zu werden.

Lösungssätze zur Klärung des früheren Lebens von Maria

Maria zu den Kindern: »Liebe Kinder, ich übernehme die Verantwortung dafür, dass ich nicht gut genug auf euch aufgepasst habe, es tut mir so leid! (Maria weint dabei.) Eure Entscheidung, aus dem Leben zu gehen, lasse ich jetzt bei euch. Ihr wart wie meine eigenen Kinder, und ihr habt immer noch einen festen Platz in meinem Herzen. Jetzt lasse ich euch bei euren Eltern, in ihrer Verantwortung und in ihren Herzen.«

Beide Kinder schauen freundlich auf Maria und ihren Wunsch, selbst Mutter zu werden. Maria wirkt erleichtert, ich teste keine Schuldgefühle mehr bei ihr. Es zeigt sich, dass eines der beiden Kinder von damals in diesem Leben bei ihr inkarnieren möchte. Maria freut sich sehr darüber.

Auch Anton erzählt mir von einer Rückführung, die ihn zu einem Leben im Volk der Mayas geführt hat. Auch hier teste ich, dass das aus diesem Leben stammende Trauma in seiner Seele noch nicht gelöst wurde.

Er vermittelt mir folgende Bilder:

**Anton als Maya-Priester in einem früheren Leben –
Kinder müssen an Gott geopfert werden**

Anton berichtet: »Ich selbst habe nur eine weiße Leinwand erkannt, aber die Rückführungstherapeutin beschrieb mich als einen Priester bei den Mayas, wie ich den Göttern immer wieder Menschen opferte. Es gab grausame Rituale, auch Kinder waren unter den Opfern.«

Anton ist sehr betroffen, er wirkt gequält. Ich teste, dass er sich den Kindern gegenüber noch sehr schuldig fühlt und ein Übermaß an Verantwortung in sich trägt. Er erlaubt sich deshalb bis heute nicht, eigene Kinder zu haben.

Lösungssätze zur Klärung des früheren Lebens von Anton

Anton zu den Göttern, denen er damals die Opfer dargebracht hat: »Ich übernehme jetzt meinen Teil der Verantwortung für das, was ich getan habe. Euren Teil, von mir als Priester Menschenopfer einzufordern, lasse ich bei euch. Ich löse mich jetzt von der Vorstellung, dass Gott Menschenopfer fordert, dieser Glaube dient mir nicht mehr.«

Anton zu den geopferten Kindern: »Was ich euch damals angetan habe, tut mir leid, ich trage die Verantwortung für das, was ich getan habe. Eure Entscheidung, im damaligen Leben das Schicksal eines Menschenopfers anzunehmen, lasse ich bei euch.«

Anton spürt eine große Last von sich abfallen. Ich teste bei ihm keine Schuldgefühle mehr.

Rückmeldung acht Monate später

Maria erzählt mir, dass sie inzwischen schwanger geworden war, aber das Baby wieder verloren hat. Sie stehen kurz vor ihrem Urlaub, in dem sie alle Bemühungen hinsichtlich der Erfüllung ihres Kinderwunsches erst einmal ruhen lassen wollen. Anschließend werden sie einen nächsten Versuch mit künstlicher Befruchtung starten. Da sich beim Austesten zeigt, dass Aufstellungsarbeit allein nicht helfen wird, ihren Babywunsch zu realisieren, empfehle ich Maria und Anton eine gute Körpertherapeutin, die schon vielen Paaren bei unerfülltem Kinderwunsch weiterhelfen konnte.

A. Polprad

Der Hormonmangel –
Schuldgefühle aus einem früheren Leben

Fernaufstellung

Janette K. ist 39 Jahre alt, ledig und hat keine Kinder.

Janette wünscht sich schon seit drei Jahren mit ihrem Partner ein Kind. Sie erzählt mir am Telefon, dass sie schon öfter das Gefühl hatte, schwanger zu sein, aber das befruchtete Ei immer wieder abgegangen sei. Die ärztliche Hormonuntersuchung zeigte, dass sie eine schwache Gelbkörperhormonausschüttung hat, die möglicherweise altersbedingt ist. Dieses Hormon ist unter anderem für die Einnistung des befruchteten Eies in der Gebärmutterschleimhaut verantwortlich. Sie nimmt seit Kurzem ein Hormonpräparat, um diesen Mangel im Körper auszugleichen. Sie bittet mich, bei ihr auszutesten, ob es auch eine psychische Ursache für den Gelbkörperhormonmangel und die damit verbundene Abstoßung des Eies gibt.

Fernaufstellung mit Klötzchen

Ich stelle eine Figur für Janette auf, ein rotes Klötzchen für ihren Kinderwunsch und ein gelbes für ihre Gelbkörperhormonproduktion. Schon in dem Moment, als ich das gelbe Klötzchen hinlege, sehe ich darin Bilder aus einem früheren Leben.

Janette als Königin in einem früheren Leben

Ich sehe, dass Janette in jenem Leben eine Königin war und keine Kinder bekommen konnte, sie war unfruchtbar. Aus Gram und Neid auf andere Frauen, die Kinder empfangen konnten, ließ sie allen Frauen in ihrem nächsten Umfeld ein giftiges Mittel verabreichen, sodass auch sie bald unfruchtbar wurden. Janette trägt aufgrund ihres damaligen Handelns noch sehr große Schuldgefühle in sich, die es ihr bis heute unmöglich machen, selbst ein Kind zu empfangen.

Lösungssätze zur Klärung ihres früheren Lebens

Janette zu den Frauen aus ihrem früheren Leben: »Was ich euch angetan habe, tut mir sehr leid! Aus Neid konnte ich es euch nicht gönnen, die Freuden des Mutterseins zu leben. Für dieses Handeln übernehme ich jetzt meine Verantwortung! Ich gebe euch eure Macht und Würde als Frauen und Mütter sowie eure Selbstbestimmung über euren Körper und eure Fruchtbarkeit zurück. Euren Teil der Verantwortung für diese Erfahrung, die ihr euch für das damalige Leben gewählt habt, lasse ich jetzt bei euch. Ihr dürft wieder voll und ganz Frau sein, und ich segne eure Fruchtbarkeit. Bitte schaut freundlich auf mich, damit auch ich meine Fruchtbarkeit wieder voll und ganz annehmen kann und meine Kinder behalten darf.«

Beim Nachtesten zeigt sich, dass Janette jenen Frauen gegenüber keine Schuldgefühle mehr hat. Ich testete auch eine Aktivierung ihrer Gelbkörperhormonausschüttung.

Nachbesprechung

Ich bitte Janette, die Lösungssätze gleich am Telefon zu sprechen. Anschließend laden wir gemeinsam Mutter Maria ein, um sie um ihren Segen für alle Frauen zu bitten, die im damaligen Leben unfruchtbar wurden. Wir spüren beide, dass sehr viel Liebe und Heilung in dieses alte Leben einfließen. Ich sehe, dass die damals betroffenen Frauen jetzt freundlich auf Janette und ihren Kinderwunsch schauen. Sie soll jedoch weiterhin ihr Gelbkörperhormonpräparat einnehmen, damit eine ausreichende Hormonzufuhr gewährleisten ist.

Rückmeldung sieben Monate später

Janette ruft mich an und teilt mir voller Freude mit, dass sie im vierten Monat schwanger ist. Sie freut sich sehr, dass es endlich geklappt hat, und bedankt sich für meine Unterstützung.

Der Folsäuremangel –
Die verbotene Liebe als Nonne

Einzelaufstellung

Andrea F. ist 36 Jahre alt, verheiratet und hat keine Kinder.

Andrea kommt zu einer Einzelsitzung zu mir. Sie wünscht sich mit ihrem Mann schon seit längerer Zeit ein Baby, es klappt aber nicht. Beim kinesiologischen Austesten zeigt sich bei Andrea ein Folsäuremangel. Sie versichert mir, dass sie reichlich Folsäure zu sich nimmt, weil sie weiß, dass das am Beginn einer Schwangerschaft sehr wichtig ist. Beim weiteren Testen erkenne ich, dass die Folsäure, die Andrea in Form von Nahrungsergänzungsmitteln zu sich nimmt, nicht wirklich in ihren Zellen aufgenommen werden kann. Die dies verursachende Blockade stellen wir mittels Klötzchen auf.

Einzelaufstellung mit Klötzchen

Andrea wählt eine blaue Figur für sich selbst und ein rotes Klötzchen für die Blockade, die verhindert, dass die Folsäure in den Zellen richtig verstoffwechselt wird. Im roten Klötzchen zeigen sich mir Bilder aus einem früheren Leben von Andrea als Nonne in einem Kloster.

Andrea in einem früheren Leben als Nonne im Kloster

Das Bild zeigt Andrea als junge Nonne und ihre heutige Schwiegermutter als die Oberin des Klosters. Beide waren in den Vorsteher des Klosters, Andreas heutigen Mann, verliebt. Er hatte jedoch nur Augen für die junge Nonne. Sie hatten ein leidenschaftliches Verhältnis miteinander, und sie wurde schwanger von ihm. Sobald die Oberin dies entdeckte, beschuldigte sie Andrea, den Vorsteher verführt zu haben, und verstieß sie aus dem Kloster. Die gesamte Schuld und Verantwortung wurde allein ihr aufgebürdet, der Vorsteher des Klosters durfte bleiben.

Auswirkung auf Andreas heutiges Leben

Die damaligen Schuldgefühle hindern Andrea heute noch, sich innerlich auf eine Schwangerschaft mit ihrem Mann (dem damaligen Klostervorsteher) einzulassen. Sie verbietet sich quasi unbewusst, mit ihm ein Kind zu haben und es aufzuziehen. Um die Schwangerschaft zu verhindern, verarbeitet ihr Körper die Folsäure nicht richtig.

Lösungssätze zur Klärung des früheren Lebens

Andrea zur damaligen Oberin (ihrer heutigen Schwiegermutter): »Es tut mir leid, dass du wegen unserer Liebe gelitten hast, weil auch du ihn geliebt hast. Die Verantwortung dafür, dass er mich und nicht dich gewählt hat, lasse ich jetzt bei euch beiden. Was zwischen euch war, geht mich nichts an. Mich trifft nicht die alleinige Schuld an dem, was damals passiert ist. Ich übernehme ausschließlich die Verantwortung für mein eigenes Handeln, deinen Teil lasse ich bei dir. Meine Macht, Kraft und Würde hinsichtlich meines Frau- und Muttersein sowie die Selbstbestimmung darüber, wann und mit wem ich Kinder zeuge, nehme ich jetzt von dir und von der Kirche an mich zurück und löse mich aus allen Schuldgefühlen.«

Andrea zum damaligen Vorsteher (ihrem heutigen Mann): »Für unser damaliges Verhältnis und die daraus entstandene Schwangerschaft übernehme ich für meinen Teil die Verantwortung, deinen Teil lasse ich jetzt bei dir! Auch wenn es uns damals verboten war, uns zu lieben, so erlaube ich mir heute, dass du mein Partner und der Vater unserer Kinder bist.« Andrea atmet erleichtert auf.

Andrea: »Jetzt wird mir klar, warum ich bei den letzten Besuchen meiner Schwiegermutter ihr gegenüber Aggressionen hatte, die ich nicht einordnen konnte. Ich verstehe mich sonst sehr gut mit ihr, aber irgendwie muss ich gespürt haben, dass sie die Umsetzung unserer Babypläne blockiert.«

Beim Nachtesten zeigt sich, dass Andrea sich von allen alten Schuldgefühlen gelöst hat und sich ihrer heutigen Schwiegermutter gegenüber die Erlaubnis geben kann, ein Kind von deren Sohn zu empfangen. Ich teste, dass die Folsäure jetzt von ihrem Körper aufgenommen werden kann.

Rückmeldung fünf Monate später

Ich rufe Andrea an, um sie zu fragen, ob es mit dem Baby eventuell schon geklappt hat. Andrea: »Ich habe mich noch nicht bei Ihnen gemeldet, weil wir es offiziell noch niemandem gesagt haben. Ich bin im dritten Monat schwanger und hoffe, dass die Schwangerschaft gut verläuft! Wir freuen uns schon so auf unser Baby! Vielen Dank für Ihre Arbeit, sie hat gut gewirkt.«

Die Angst vor dem Autofahren –
Der tödliche Unfall in einem früheren Leben

Gruppenaufstellung

Irene S. ist 28 Jahre alt, Büroangestellte und verheiratet.

Irene kommt in meine Praxis und erzählt, dass sie sich scheut, Auto zu fahren. Sie fährt sehr ängstlich, und besonders stressig ist es für sie, in unübersichtliche Kurven einzufahren. Um die Ursache ihrer Ängste herauszufinden, schlage ich Irene eine Gruppenaufstellung vor.

Beginn der Gruppenaufstellung

Irene wählt eine Darstellerin für sich selbst und einen Mann, der ihre Angst vor dem Autofahren darstellen soll, aus. Sie stellt diesen in einiger Entfernung, aber in Sichtweite, von sich auf. Irenes Darstellerin schaut wie gebannt auf den Mann, ihre Augen und ihr Körper sind wie erstarrt. Der Mann blickt schuldbewusst und verzweifelt zu ihr hinüber, es liegt ein Gefühl der Unausweichlichkeit in der Luft.

Beim genaueren Einfühlen in den männlichen Darsteller sehe ich ein früheres Leben von Irene ablaufen. Irene ist damals eine junge Frau, sie ist mit ihrem Auto unterwegs und fährt auf der Straße in eine unübersichtliche Rechtskurve ein. – Ich sehe den darstellenden Mann nun als damaligen Lkw-Fahrer, der ihr in der Kurve entgegenkommt. Es ist ein sehr großer

Lastwagen und er scheint die Kurve zu schneiden. Irene hat keine Chance, sie wird von ihm frontal gerammt und stirbt noch an der Unfallstelle.

Ich sehe, dass Irenes Darstellerin meine Worte hört, sie ist aber immer noch wie erstarrt und wirkt traumatisiert. Wir müssen die damaligen Ängste und Traumatisierungen entkoppeln (kinesiologisch aus den Zellen und Meridianen ihres Körpers herausklopfen). Ich bitte sowohl Irene als auch ihre Darstellerin, ihren linken Zeigefinger mittig unterhalb des linken Auges auf die Oberkante ihres Wangenknochens zu legen – dort befindet sich der Angstpunkt des Magenmeridians – und ersuche sie, auf diesen Punkt zu klopfen und folgende Sätze innerlich mitzusprechen: »Ich löse mich jetzt aus dem Schock und der Traumatisierung, damals durch einen plötzlichen Unfall gestorben zu sein. Ich löse diese Angst mit allen damit verbundenen Gefühlen von Panik, Todesangst, Trauma, Schock, Erstarrung, Unausweichlichkeit, Stress, Verzweiflung, Hilflosigkeit.
Ich löse jetzt alle diese Gefühle in der tiefsten Wurzel und der frühesten Ursache!« (Dadurch werden alle damit verbundenen Ebenen ursächlich entkoppelt). Ich bitte die beiden, noch einmal tief ein- und auszuatmen und mit dem Klopfen aufzuhören. Beide Frauen wirken nun entspannter, die Erstarrung bei Irenes Darstellerin hat sich gelöst und Irene selbst kann ihren Tränen freien Lauf lassen. Aus der vorherigen Anspannung wird nun eine erlösende Gewissheit, die Frieden bringt. Zum Abschluss bitte ich noch um Heilenergien und Vergebung für den Lastwagenfahrer bzw. ihr damaliges Schicksal, sodass Irene es jetzt ruhen lassen kann. Es braucht diesmal keine Lösungssätze, da nur die Ängste und alle damit verbundenen Gefühle zu lösen waren.

Auswirkung des früheren Unfalltodes
auf Irenes heutiges Leben

Durch die körperlich sehr heftige und schmerzvolle Erfahrung ihres damaligen Unfalltodes hatte Irene Angst, ihr könnte beim Autofahren wieder etwas Ähnliches passieren. Besonders die unübersichtlichen Kurven waren in ihrem Unbewussten als markante Bedrohung gespeichert.

Rückmeldung nach fünf Wochen

Irene ruft mich an und erzählt mir, dass sie beim Autofahren wesentlich entspannter geworden ist. Unübersichtliche Kurven lösen keine Ängste mehr in ihr aus. Sie ist sehr froh, dass ihr das Autofahren nun viel leichter fällt.

FALL NR. 31
Traum und Wirklichkeit –
Sehnsucht und Angst vor der Hingabe

Fernaufstellung

Renate K. ist Ende 50, in Pension und zweimal geschieden.

Renate ruft mich an und erzählt mir von ihrer unerfüllten Liebe zu Ludwig (60), einem Mann, der verheiratet ist und sich nicht erlaubt, sich sexuell auf sie einzulassen. Renate fühlt sich seelisch sehr stark mit Ludwig verbunden und leidet, weil ihr Wunsch nach Hingabe an ihn bisher ein unerfüllter Traum geblieben ist. Wir stellen die Beziehungsdynamik in Fernarbeit auf.

Beginn der Fernaufstellung

Im Aufstellungsbild wird durch das gebannte Hinstarren von Renate auf Ludwig sichtbar, dass sie ganz auf ihn fixiert ist. Obwohl sie weiß, dass es zu keiner sexuellen Beziehung kommen wird, kann sie sich für keinen anderen Mann öffnen. Ich bitte Renate, sich vorzustellen, wie es für sie wäre, wenn Ludwig sich mehr für sie öffnen könnte und auf sie zukäme. Sie antwortet prompt: »Das löst Angst in mir aus, ich gehe gleich ein paar Schritte zurück!« Ich habe den Eindruck, als würde sie sich unbewusst an einen Mann binden, der sich nicht tiefer auf sie einlassen kann, um einer echten Begegnung auszuweichen, die ihr unbewusst Angst macht! Bei näherer Betrachtung zeigen sich die von ihrer Ahnin übernommenen Ängste vor Freiheitsverlust, die den Glaubenssatz »Wenn ich mich einem Mann hingebe, gehöre ich ihm« geprägt hat, sowie die übernommene Angst, in Beziehungen enttäuscht zu werden.

Lösungssätze

Renate zu ihren Ahninnen: »Liebe Mama, liebe Ahninnen, es tut mir leid, dass Ihr so enttäuscht wurdet in euren Beziehungen und ihr euch als Besitz eurer Männer gefühlt habt. Ich achte euer Schicksal und gebe euch alle damit verbundenen Ängste vor Enttäuschung und Freiheitsverlust zurück.«

Renate kann zwar das Schicksal ihrer Ahninnen achten, die übernommenen Gefühle werden aber nicht weniger. Ich teste aus, dass Renate die Schuldgefühle ihrer männlichen Ahnen trägt, die dadurch zustande kamen, dass diese ihren Frauen so wenig Freiheit gönnten, dass sie sich von ihren Männern eingesperrt fühlten. Als wir deren Schuldgefühle zurückgeben wollen, blockiert Renate ein weiteres Mal. Wir müssen noch ursächlicher hinschauen und ihre eigenen früheren Leben als Mann beleuchten, wo auch sie Frauen als Besitz betrachtet und eingesperrt hat. Folgende Lösungssätze bringen Heilung:

Renate zu den Frauen aus ihren früheren Leben als Mann: »Es tut mir leid, dass ich euch als meinen Besitz gesehen und euch eure Freiheit genommen habe. Ich nehme meinen Teil der Verantwortung für alles, was zwischen uns passiert ist, und gebe das Versprechen, euch die Gefühle des Freiheitsverlustes und der Enttäuschung niemals wieder zuzumuten. Ich lasse euch jetzt eure Macht, Kraft und Würde, eure Gefühle und eure Enttäuschung, die Ihr wegen des Freiheitsverlustes erleiden musstet, wieder selbst tragen, und gebe sie euch zurück. Ich löse auch mein Versprechen, euren Glaubenssatz ›Wenn ich mich einem Mann hingebe, gehöre ich ihm‹ weiter zu tragen, und gebe diesen wieder an euch zurück.«

Renate fühlt sich jetzt freier. Es kristallisiert sich mehr und mehr heraus, dass es ihr gar nicht um eine bindende Beziehung zu einem einzigen Mann geht, sondern vielmehr um das Bedürfnis, sich auf verschiedene Männer einzulassen, weil sie ihr Leben mit keinem voll und ganz teilen möchte. Allerdings hat sie Angst davor, sich das einzugestehen! Als Bild dazu zeigt sich ein früheres Leben:

Ein früheres Leben von Renate als »Freudenmädchen«

Renate sieht im Bild jung und fröhlich aus. Sie ist kein Freudenmädchen im herkömmlichen Sinne, aber sie scheint Vergnügen am Leben zu haben und teilt ihren Lebensgenuss mit verschiedenen Männern, ohne Geld dafür zu verlangen. Das funktioniert eine Zeit lang ganz gut. Doch dann trifft sie auf einen Mann, der sehr eifersüchtig ist und sie ganz für sich allein haben will. Er erträgt es nicht, sie mit anderen teilen zu müssen, und erwürgt sie während eines Streits im Affekt.

Auswirkungen auf Renates heutiges Leben

Sie hat Angst, sich erneut verschiedenen Männern hinzugeben und dafür bestraft zu werden. Wir entkoppeln diese Ängste mit folgenden Sätzen:

Kinesiologisches Entkoppeln der Ängste

Renate legt ihren linken Zeigefinger auf den Angstpunkt unterhalb ihres linken Auges (genaue Beschreibung siehe Fall Nr. 30). Sie beginnt, auf diesen Punkt zu klopfen, und spricht laut folgende Sätze aus: »Ich löse mich jetzt von der Angst, sterben zu müssen, wenn ich mich mehr als einem Mann hingebe, sowie von allen damit verbundenen Gefühlen wie Todesangst, Panik, Schock, Angst vor Strafe sowie dem Gefühl, dem Männlichen ausgeliefert zu sein. Ich löse jetzt alle diese Gefühle in der tiefsten Wurzel und der tiefsten Ursache. Ich bin jetzt frei davon.« Sie hört auf zu klopfen und atmet noch einmal tief durch. Danach fühlt sie sich befreiter.

Aufstellungsbild

Der Blick, den sie Ludwig zuwirft, lässt darauf schließen, dass sie noch immer an ihn gebunden ist und sich auf keinen anderen Mann einlassen kann. Sie hat das Gefühl, die Beziehung zu Ludwig zu verunreinigen, wenn sie sich für andere Männer öffnen würde. Als Blockade zeigen sich zudem noch übernommene Rollenklischees ihrer Ursprungsfamilie, wie eine Frau zu sein hat, welche wir nun zurückgeben.

Lösungsätze

Renate zu ihren Ahninnen: »Liebe Mama, liebe Ahninnen: Es tut mir leid, dass ihr in euren Beziehungen so beengt wart in eurem Frausein und euch schmutzig gefühlt habt bei dem Gedanken, euch auch anderen Männern hinzugeben. Ich achte euer Schicksal, löse aber das Versprechen, dass auch ich mich nur einem einzigen Mann hingeben darf und mich als schmutzige Hure fühlen muss, wenn ich mit verschiedenen Männern zusammen bin. Das lasse ich jetzt bei euch! Bitte schaut freundlich auf mich, damit ich meine Rolle als Frau anders und vor allem freier leben darf. Ich danke euch!«

Renate meint im Anschluss zu mir: »Ich spüre, dass diese Bilder einer tiefen Wahrheit in mir entsprechen. Mein zweiter Mann hat einmal zu mir gesagt: Es ist eigentlich eine Verschwendung, dass nur ein einziger Mann so etwas Wunderbares erfahren darf, was ich mit dir erlebe!«

Rückmeldung nach zwei Wochen

Renate schreibt mir, dass sie sich viel freier fühlt, auf Männer zuzugehen. In ihrer Beziehung zu Ludwig spürt sie eine tiefe Befreiung, nicht mehr an ihn gebunden zu sein. Er bleibt ein besonderer Wegbegleiter für sie, auf dessen Freundschaft sie nicht verzichten will.

»Ich bin unwürdig, mit dir das Bett zu teilen« –
Die Schuld des Vaters gegenüber der Mutter

Fernaufstellung

Helmut ist Mitte 40, geschieden und arbeitet als Therapeut und Energetiker.

Helmut und seine Partnerin sind schon seit längerer Zeit bei mir Klienten. Seit mehreren Monaten sind sie gemeinsam auf der Suche nach einer größeren Wohnung. Er ruft mich an, um sich bei mir ein Thema anzuschauen. Eine Woche zuvor hatte ich mit seiner Partnerin Ingrid mithilfe einer Fernaufstellung festgestellt, was die beiden daran hindert, eine neue Wohnung zu finden. Dabei hatte sich gezeigt, dass Ingrid verletzt ist, weil Helmut immer mal wieder in der Nacht das gemeinsame Bett verlässt und im Wohnzimmer schläft. Sie vermutet, er plane im neuen Domizil bereits ein eigenes Zimmer mit einem Schlafbereich für sich. Für Ingrid ist die Vorstellung, dass Helmut die Nächte nicht im gemeinsamen Schlafzimmer mit ihr verbringen will, sehr verletzend, und sie stellt damit die Beziehung mit Helmut infrage. Diese Umstände blockieren die Suche nach einer neuen gemeinsamen Wohnung.

Fernarbeit mit Helmut

Im Vorgespräch meint Helmut zu der Situation, dass es nichts Ungewöhnliches für ihn sei, nachts zeitweilig aus dem gemeinsamen Schlafzimmer auszuwandern und im Wohnzimmer zu übernachten. Bereits in seiner ersten Ehe habe er nach der Totgeburt seines zweiten Kindes das gemeinsame Ehebett verlassen und im Nebenraum geschlafen. In seiner heutigen Beziehung seien es Schlafstörungen, die ihn aus dem gemeinsamen Bett trieben.

Aufstellungsbild

Ich stelle für Helmut, seine Partnerin Ingrid und für Helmuts Eltern Klötzchen auf. Helmuts Blick geht zu seinen Eltern hin. Ich frage Helmut, wie denn die Schlafsituation bei ihnen war. Helmut:»Mein Vater hat immer wieder einmal getrunken und wurde von meiner Mutter dann aus dem Schlafzimmer verbannt. Außerdem ist er gelegentlich fremdgegangen.«

Auswirkungen auf Helmuts heutiges Beziehungsleben

Ich teste, dass Helmut die Schuldgefühle des Vaters gegenüber der Mutter bezüglich seines Alkoholkonsums und seines Fremdgehens übernommen hat. Er trägt dessen Selbstbestrafungsprogramm, unwürdig zu sein, das Ehebett mit seiner Frau teilen zu dürfen. Des Weiteren trägt er den Frust und die Wut der Mutter auf den Vater.

Lösungssätze

Helmut zu seinem Vater: »Lieber Papa, es tut mir leid, dass die Mama dich aus dem Schlafzimmer verbannt hat. Aber ich löse jetzt das Versprechen, deine Schuldgefühle bezüglich deines Trinkens und Fremdgehens weiter für dich zu tragen, und gebe sie dir wieder in Liebe zurück. Ich löse auch das Versprechen, deine damit verbundenen Glaubenssätze »Ich bin nicht gut genug und unwürdig, mit der eigenen Frau das Bett zu teilen« für dich zu tragen, und gebe auch sie wieder an dich zurück. Ich löse das Versprechen, dass es mir nicht besser ergehen darf als dir und auch ich mich Frauen gegenüber unwürdig fühlen muss, mit ihnen das Bett zu teilen. Bitte schau freundlich auf mich, dass ich mich jetzt gut genug und würdig fühlen darf, als Mann mit meiner Frau das Bett teilen zu dürfen. Ich danke dir!«

Helmut zu seiner Mutter: »Liebe Mama, es tut mir leid, dass der Papa dich mit seinem Fremdgehen und seiner Trinkerei so verletzt hat. Ich achte dein Schicksal, löse aber das Versprechen, deine damit verbundene Wut und deine Frustration ihm gegenüber weiter für dich zu tragen, und gebe dir deine Gefühle von Wut und Frust meinem Vater gegenüber wieder zurück. Was zwischen euch beiden schiefgelaufen ist, geht mich nichts an, das lasse ich jetzt bei euch!«

Nachbesprechung nach einer Woche

Helmut hat die ganze Woche hindurch in keiner einzigen Nacht das gemeinsame Schlafzimmer verlassen. Er fühlt sich dort wohl und spürt keinerlei Fluchttendenzen mehr. Ob es jetzt gelingen kann, mit Ingrid dort gemeinsam zu schlafen, lässt sich derzeit nicht genau sagen, weil sie nun ins Wohnzimmer ausgezogen ist. Offensichtlich war Helmuts Verhalten ein unbewusster Spiegel für sie. Jetzt, wo er seine Themen gelöst hat, muss auch sie die ihrigen reflektieren. Wir werden demnächst daran arbeiten.

FALL NR. 33
Der Permanent-Lidstrich
und das glühende Schwert der Bestrafung

Eine eigene Erfahrung

Als ich bei einer lieben Freundin bemerkte, wie toll ihr Permanent-Lidstrich ihre Augen betonte, entschied ich mich, das auch bei mir machen zu lassen. Ich lag bereits auf der Liege und versuchte, mich zu entspannen, während die Kosmetikerin meine Augen mit einer speziellen Creme vereiste, um den Vorgang so schmerzlos wie möglich zu machen. Nach wenigen Minuten beunruhigte mich ein Brennen beider Augen. Die Kosmetikerin versuchte, mich damit zu beruhigen, dass es eine Begleiterscheinung der Creme sei, dass die Augen etwas brennen könnten. Ich war aber nicht mehr zu beruhigen und bekam eine Panikattacke, mein Magen rebellierte – und eine Angst, nie wieder sehen zu können, jagte durch meinen Kopf! Ich setzte mich auf und wollte sofort die Augen öffnen, was aber unmöglich war, weil die Creme zuerst entfernt werden musste. Ich zwang mich nochmals, mich hinzulegen, obwohl sich alles in mir dagegen wehrte. Die Kosmetikerin war ganz verwundert über meiner Reaktion, beeilte sich aber mit der Reinigung, sodass ich nach wenigen Minuten endlich meine Augen wieder öffnen konnte. Ich war etwas beruhigter, als ich wieder sehen konnte, doch noch immer so gestresst, dass nicht daran zu denken war, mit der Arbeit fortzufahren. Ich beschloss, es zu lassen, da es mir unmöglich war, mich wieder hinzulegen und meine Augen weiter bearbeiten zu lassen.
Als ich den Kosmetiksalon verließ, bebte ich noch immer vor Angst. Ich spürte, dass sich hinter dieser Panikattacke ein

Thema verbarg, und bat meine innere Führung, mir die damit verbundenen Bilder zu zeigen.

Ein früheres Leben in Ägypten als Prophetin

Ich sah mich sofort in Ägypten als Seherin oder auch Prophetin. Ich war sehr hellsichtig und konnte in die Zukunft schauen. Reiche und Mächtige holten sich bei mir Rat, um meine zukunftweisenden Bilder als Prognose für bevorstehende Schlachten oder andere wichtige Entscheidungen heranzuziehen. Eines Tages sah ich, dass der amtierende König vom Thron gestürzt werden würde. Ich konnte den neuen Herrscher genau beschreiben und sah, dass das ganze Reich Gefahr lief, durch ihn zugrunde zu gehen. Für diese Prophetie wurde ich schwer bestraft, man bezichtigte mich des Hochverrats gegen den König und warf mich in den Kerker. Dessen nicht genug, wurde ich auch noch geblendet: Ein Soldat hielt sein Schwert in ein brennendes Feuer und legte es dann auf meine Augen, sodass ich nach den unerträglich brennenden Schmerzen erblindete. Ich wollte nur mehr sterben und hörte auf zu essen, was mir bald darauf den erlösenden Tod brachte.

Auswirkungen auf mein heutiges Leben

Ich erkannte in dem damaligen Soldaten die Kosmetikerin wieder, die meinen Lidstrich machen wollte. Es wurde mir plötzlich klar, warum das Brennen meiner Augen so bedrohlich für mich gewesen war. Ich hatte Angst, erneut mein Augenlicht zu verlieren! Das damalige Trauma kam in Form einer Panikattacke in mir hoch. Ich konnte diese Frau nicht an meine Augen heranlassen, nachdem sie mich damals derart zugerichtet hatte!

Lösungsschritte

Ich testete aus, wie ich dieses Leben als Prophetin mit all den damit verbundenen Ängsten und Gefühlen in Heilung bringen könnte. Es kam heraus, dass keine Aufstellung, sondern ein Reading dafür geeignet wäre. So beauftragte ich eine Kollegin meines Netzwerkes, sich dieses Leben anzuschauen. Sie half mir über ihre Arbeit, mich aus dem damaligen Schock über das Erlebte zu lösen und meiner Kosmetikerin zu vergeben.

Rückmeldung nach drei Wochen

Ich fühle mich von den alten Bildern und den damit verbundenen Gefühlen befreit. Den Lidstrich werde ich trotzdem woanders machen lassen, gebe mir aber noch etwas Zeit dafür.

Die Aufstellung von Tieren bleibt in diesem Buch nur ein Randthema. Man kann durchaus davon ausgehen, dass auch Tiere schon öfter gelebt haben. Ich habe mich auf dieses Thema zwar nicht spezialisiert, aber beim Austesten meines eigenen Hundes konnte ich feststellen, dass dieser schon einmal als Katze und nun zum zweiten Mal als Hund inkarniert ist. Wer eine Katze, einen Hund oder ein anderes Haustier hat, der kann bestätigen, dass ein Tier ein vollwertiges Familienmitglied ist. Es gehört zum Familienverband dazu und ist – wie alle anderen im gemeinsamen Haushalt – von den positiven wie auch negativen Ereignissen betroffen. Dass Kinder besonders sensible Träger von Energien sind und diese häufig übernehmen, ist allgemein bekannt. Sie können sich meist von Konflikten der Eltern oder anderer Bezugspersonen nicht abgrenzen. Emotional übernehmen sie von ihnen vieles, was nicht ausagiert wird.

In meinen Aufstellungen erlebe ich oft, wie Kinder ihre Eltern entlasten, indem sie deren Gefühle von Wut, Trauer, Enttäuschung u. v. a. m. für sie tragen. Viele Krankheitssymptome bei Kindern lassen sich über die Arbeit mit den Eltern oder anderen Familienmitgliedern lösen. Bei Haustieren ist das ähnlich. Auch sie übernehmen ungelöste Konflikte und nicht bewältigte Gefühle ihrer Besitzer. Ich habe schon einige Tieraufstellungen durchgeführt und erlebt, wie beispielsweise ein Hund die Todessehnsucht seiner Besitzerin getragen hat und deshalb durch Unfalltod gestorben ist. Bei einem Freund wurde in der Aufstellung sichtbar, dass die Katze seine Nierenkrankheit übernommen hatte. Tiere entlasten ihre Besitzer ähnlich wie Kinder ihre Eltern. Bei Aufstellungen mit Tieren kann man deren Rolle im Familienverband sehr gut erkennen. Manchmal vertritt ein Haustier das lang ersehnte Kind, das noch nicht gekommen ist. Ein andermal hat es sich mit einem abgetriebenen Kind identifiziert, das von den Eltern noch zu wenig betrauert und ins Herz genommen wurde. Oft vertritt ein Haustier auch einen Partner aus erster Ehe, der seinen guten Platz im Familiensystem noch nicht bekommen hat. Oder das Haustier wird überhaupt zum Partnerersatz. Tiere übernehmen sehr viele unserer Stimmungen und die damit verbundenen Gefühle. Es gibt selten einen glücklichen Hund neben einem depressiven Hundehalter. Wenn der Hund den traurigen Besitzer aufmuntert, so nimmt er ihm auch gleichzeitig etwas von seiner Traurigkeit ab. Auch partnerschaftliche Konflikte werden oft von unseren Haustieren übernommen und ausgedrückt. Dazu ein Beispiel:

Die Entzündung des Hundes –
»Ich bin wütend auf meinen Mann!«

Einzelaufstellung

Sabine K. ist 36 Jahre alt, verheiratet, schwanger und hat eine Hündin namens Bella.

Sabine kommt in meine Praxis und erzählt mir folgende Begebenheit: »Meine Hündin Bella verhält sich seit zwei Wochen so eigenartig! Sie ist bockig, folgt meinen Befehlen nicht, läuft unruhig auf und ab und frisst wenig. Wenn mein Mann Peter von der Arbeit nach Hause kommt, begrüßt sie ihn normalerweise voll Freude, jetzt ist sie ihm gegenüber sehr zurückhaltend. Die Tierärztin stellte bei Bella eine Darmentzündung fest, die mit Tabletten behandelt wird. Eine liebe Freundin hat mir jedoch empfohlen, auch eine Aufstellung für Bella machen zu lassen, um zu sehen, ob die Entzündung nicht auch psychosomatische Ursachen haben könnten.«

Einzelaufstellung mit Klötzchen

Da Tiere sehr oft die Themen ihrer Besitzer übernehmen, bitte ich Sabine, drei Klötzchen auszuwählen: eines für ihre Hündin Bella, eines für sich selbst und eines für ihren Mann Peter. Sabine stellt sich und Peter in einiger Entfernung zueinander auf, für Bella wählt sie ein rotes Klötzchen und platziert es in ihrer Nähe. Beim Einfühlen auf Bellas Platz spüre ich Unmut und Aggression. Beim Austesten zeigt sich, dass es nicht Bellas eigene Gefühle sind, die sie trägt. Die Wut gehört zu Sabine und richtet sich gegen ihren Mann Peter. Als ich Sabine frage, was sie bei Peter wütend machen könnte, überlegt sie kurz und meint dann: »Ja, dazu fällt mir schon etwas ein. Ich bin seit Kurzem schwanger. Es ist unser erstes Kind, und wir freuen uns sehr darüber. Seit Beginn der Schwangerschaft hat Peter kein sexuelles Interesse mehr an mir. Er sieht nur noch die Mutter und nicht mehr die begehrenswerte Frau, die ich immer für ihn war. Das macht mich schon wütend!« Sabines Schilderung erklärt nun, warum Bella ihr Herrchen nicht mehr richtig begrüßt. Sie bringt damit Sabines Frustration zum Ausdruck. Auch Bellas Bockigkeit ergibt jetzt für Sabine mehr Sinn.

Lösungsansätze

Ich schlage Sabine vor, ihre Wut auf Peter bewusst wahrzunehmen und zuzulassen. Im Annehmen ihrer Gefühle liegt schon die halbe Lösung. Ich empfehle ihr, mit Peter darüber zu sprechen und eine gemeinsame Lösung für die sexuelle Blockade zu finden. Wenn Peter möchte, kann er auch mit mir in einer Aufstellung daran arbeiten. Um Bella von Sabines Gefühlen Peter gegenüber zu befreien, bitte ich Sabine, folgende Lösungssätze zu sprechen:

Lösungssätze

Sabine zu ihrem Hund Bella: »Liebe Bella, meinen Frust und meine Wut auf Peter nehme ich jetzt zu mir zurück, davon bist du frei. Auch wenn ich Konflikte mit deinem Herrchen habe, darfst du ihn trotzdem gernhaben.«

Sabine ist erleichtert, Bella entlastet zu haben. Sie ist froh, sich ihrer nicht gelebten Sexualität mit Peter gestellt zu haben und gemeinsam mit ihm nach einer Lösung zu suchen. Beim Nachtesten zeigen sich keine Belastungen mehr bei Bella.

Anruf von Peter

Nachdem er mit Sabine über unsere Aufstellung gesprochen hat, ruft Peter mich an und bittet mich, für ihn eine Fernaufstellung zu machen.

Peter: »Ich weiß wirklich nicht, wie ich mich Sabine sexuell nähern soll. Ich sehe in ihr nur noch die Mutter unseres Kindes und empfinde es als ein Tabu, mit ihr zu schlafen. Mein Begehren ist wie auf Eis gelegt!«

Fernaufstellung mit Klötzchen

Ich stelle Peter, Sabine und Peters Eltern auf und erkenne folgendes Bild: Peter hat das Gefühl, sich einer schwangeren Frau sexuell nicht nähern zu dürfen, von seinem Vater übernommen. Schon für ihn war es ein Tabu gewesen, eine schwangere Frau sexuell zu begehren oder gar mit ihr zu schlafen. Ich gebe Peter am Telefon folgende Lösungssätze mit:

Lösungssätze

Peter zu seinem Vater: »Lieber Papa, deinen Glaubenssatz, dass man eine schwangere Frau nicht begehren und nicht mit ihr schlafen darf, gebe ich dir jetzt in Liebe zurück. Bitte schau freundlich auf mich, wenn ich mit Sabine auch während der Schwangerschaft eine erfüllte Sexualität leben möchte, auch wenn du das nicht leben konntest.«

Peter bestätigt mir später am Telefon, dass das Thema Sex in seiner Familie ein Tabuthema war.
Peter: »Es wurde nie darüber gesprochen! Ich kann mir gut vorstellen, dass mein Vater seine Lust oft mit Alkohol kompensiert hat.«

Rückmeldung nach einer Woche

Sabine ruft mich an und erzählt mir, dass Bellas Verhalten sich wieder normalisiert hat.
Sabine: »Sie wirkt unbeschwert, frisst ganz normal und freut sich über Peter, wenn er von der Arbeit kommt. Meine Sexualität mit Peter kommt langsam wieder in die Gänge. Ich bin sehr froh, dass wir die Aufstellung gemacht haben, es hat sich dadurch einiges gelöst.«

Da ich weiß, wie eng das Verhältnis zwischen Tierhaltern und ihren Lieblingen sein kann, kann ich Ihnen nur empfehlen, eine Aufstellung machen zu lassen. Man kann bereits in der Erstanalyse erkennen, ob ein Haustier eine Belastung für seinen Besitzer trägt. Ich mache auch Fernaufstellungen für Tiere.

Der Fuchs, der die geliebten Hühner frisst –
Die karmische Bestrafung

Fernaufstellung

Margarete ist 46 Jahre alt, verheiratet und Mutter einer Tochter.

Margarete ruft mich ganz verzweifelt an. Sie erzählt mir von ihren Hühnern, die sie teilweise eigenhändig aufgezogen und dadurch eine starke Bindung zu ihnen aufgebaut hat. Nun hat ihr der Fuchs in den letzten Wochen schon zehn Hühner weggefressen! Wir stellen die Situation auf, um die Ursache für diesen schmerzhaften Verlust sichtbar zu machen.

Fernaufstellung mit Klötzchen

Ich stelle Margarete, den Fuchs und die betroffenen Hühner mit Klötzchen vor mich hin. Mit Blick auf den Fuchs zeigt sich mir ein Bild, als würde dieser hämisch grinsen und zu Margarete sagen: »Das hast du jetzt davon!« Margarete steht ihm ohnmächtig und ängstlich gegenüber. Als Ursache für den Verlust der Hühner testen wir mehrere frühere Leben, eines davon stelle ich in das Aufstellungsbild. Im damaligen Leben ist Margarete männlich und wirkt auf mich wie ein Despot, der das Volk für jegliche Verfehlungen – wie z. B. kleine Diebstähle – mit Tod durch Erhängen bestraft. Er hat keinerlei Mitgefühl für die Täter oder deren Angehörige und lässt die Menschen auf dem Marktplatz öffentlich hinrichten, um das Volk einzuschüchtern. Für dieses Verhalten wurde

Margarethe Dutzende Male von den Opfern und ihren Angehörigen verflucht und trägt zur Strafe bis heute die Gefühle
von Leid, Verlust, Schmerz, Entsetzen und hilfloser Ohnmacht in sich.

Auswirkungen auf Margaretes heutiges Leben

Flüche wirken nur, wenn der Betroffene Schuldgefühle in sich
trägt! Aus alter Schuld muss Margarethe nun den Verlust ihrer
geliebten Hühner hinnehmen und sich dabei genauso machtlos und grausam bestraft wie die damaligen Angeklagten fühlen. Nun ist sie selbst in der Opferrolle und im Verlust. Das,
was ihr lieb ist, wird ihr genommen wie damals den betroffenen Angehörigen. Es mag etwas merkwürdig wirken, dass hier
Hühner mit Menschen verglichen werden, aber wenn man ein
Tier liebt, ist der Verlust meist genauso schmerzhaft wie der
eines geliebten Menschen.

Lösungssätze

*Margarethe zu den damaligen Hingerichteten und deren Ange-
hörigen:* »Ich übernehme meinen Teil der Verantwortung
für meine ungerechten Urteile und mein mangelndes Erbarmen.«

Der Satz greift nicht. Ich teste aus, dass ihr heutiger Vater eine
Rolle spielt. Margarethe erzählt, dass ihr Vater sehr cholerisch
war und sie als Kind oft angebrüllt hat, wenn sie beim Lernen
nicht alles verstanden hat. Margarethe: »Er brüllte so laut, dass

ich einmal vor Schreck vom Sessel gefallen bin. Ich hatte große Angst vor seinen Wutausbrüchen!«

Es zeigt sich, dass Margarete nicht so sein will wie ihr Vater. Auch der Mutter hat sie unbewusst versprochen, niemals so cholerisch und wenig einfühlsam zu sein wie er. Das wäre der Mutter sonst zu viel gewesen! Der Vater verkörpert die gleichen Charakterzüge wie sie selbst damals als Despot. Diesen Schattenanteil hat sie von sich abgespalten, wodurch es zu keiner Aufarbeitung der alten Schuld kommen konnte.

Margarethe zu ihrer Mutter: »Liebe Mama, ich löse das Versprechen, dass ich niemals so cholerisch, aggressiv und wenig einfühlsam wie mein Vater sein werde. Ich bin auch ein bisschen wie er.« Die Mutter, die jetzt neben dem Vater im Aufstellungsbild steht, schaut freundlich auf sie und ist offensichtlich bereit, den cholerischen Anteil in ihr anzunehmen.«

Margarethe zu ihrem Vater: »Lieber Papa, ich löse das Versprechen, dass ich niemals so cholerisch, aggressiv und wenig einfühlsam sein möchte wie du.«

Über das Lösen dieses Versprechens kann sich Margarethe auch von ihrer eigenen Abneigung gegenüber diesem karmischen Schattenanteil distanzieren. Zudem ist es ihr möglich, den Despoten, der sie damals war, zu integrieren und somit die karmischen Lösungssätze fortzuführen.

Margarethe zu den damaligen Verurteilten und deren Angehörigen: »Ich übernehme meinen Anteil der Verantwortung für meine harten Strafen und mein mangelndes Erbarmen euch gegenüber. Aber ich löse jetzt auch das Versprechen, mir selbst dafür niemals zu vergeben und euch (den Angehörigen) die Gefühle von Leid, Schmerz, Verlust, Ohnmacht, Schock und Entsetzen nie wieder zuzumuten. Ich überlasse euch eure Macht, Kraft und Würde, die Gefühle eurer damaligen Opferrollen wieder selbst zu tragen.«

Beim Austesten kommt heraus, dass die meisten Gefühle zurückgegeben wurden, aber es fehlt noch etwas. Beim genauen Hineinspüren zeigt sich, dass Margarethe noch die Schuldgefühle der damaligen Familienangehörigen trägt, die die Verurteilten zu den Straftaten ermutigt hatten.

Lösungssatz zu den Angehörigen: »Ich löse das Versprechen, eure Schuldgefühle den verstorbenen Tätern gegenüber weiterhin zu tragen, und gebe euch diese wieder zurück.«

Margarethe atmet erleichtert auf, es ist etwas Schweres von ihr abgefallen.

Margarethe zu ihrem Vater: »Lieber Papa, ich bin auch ein bisschen wie du!«

Diesen Satz auszusprechen, entspannt Margarethe. Ich teste nach, ob sie sich jetzt erlauben kann, ihre Aggressionen auszudrücken. Ich teste noch eine Blockade, welche sich als eigener Glaubenssatz entpuppt: »Wenn ich meine Aggressionen zum Ausdruck bringe, werde ich von meiner Mutter bestraft!«

Lösung durch Entkoppeln

Wir lösen den unbewussten Glaubenssatz aus ihrer Kindheit auf (durch Entkoppeln, siehe Fall Nr. 30, Die Angst vor dem Autofahren und der tödliche Unfall eines früheren Lebens). Anschließend verankern wir einen neuen positiven Glaubenssatz: »Wenn ich meine Aggressionen zum Ausdruck bringe, bin ich dabei sicher, geschützt und geborgen.« Ein erneuter Test ergibt, dass nun alles gelöst ist.

Falls Sie sich nun fragen, was das Entkoppeln mit Margarethes Hühnern zu tun hat, so möchte ich Folgendes dazu erklären: Durch die Integration ihrer eigenen Aggressionen, welche sie sowohl beim Vater als auch aus ihrer früheren Inkarnation als Despot ablehnte, kann sie ihren damit verbundenen Schattenanteil wieder annehmen und muss diesen nicht mehr auf den Fuchs, der ihre Hühner gefressen hat, projizieren. Der Fuchs war ein Spiegel ihrer Grausamkeiten aus dem damaligen Leben.

Rückmeldung nach fünf Tagen

Margarethe ruft mich an und erzählt: »Es sind keine weiteren Verluste unter den Hühnern zu verzeichnen, nur ein paar Eier sind weg.« Sie ist sehr erleichtert darüber!

Im Unglauben
liegt die denkbar größte Anstrengung
des Menschen gegen seinen eigenen Instinkt
und Geschmack. Es handelt sich darum, für immer
auf die Freuden der Einbildungskraft zu verzichten,
auf allen Hang zum Wunderbaren.

Ferdinando Galiani, Gedanken und Beobachtungen

LÖSUNGSBILDER

Das Abschlussbild einer Aufstellung soll im besten Falle zur Lösung des Problems führen. Das klassische Lösungsbild einer Herkunftsfamilie zeigt dem Klienten einen neuen, besseren Platz im Familiensystem, der frei ist von Fremdverstrickungen, frei für das eigene Leben macht und ihm das Gefühl gibt, dass seine ihn stärkenden, unterstützenden Ahnen hinter ihm stehen.

Die gute Lösung in einer Aufstellung

Zu einer guten Lösung kommt es in erster Linie dann, wenn der Klient offen und bereit dafür ist. Jede Verstrickung und Blockade, die vom Familiensystem übernommen wurde, erfüllt einen Sinn, sie dient der persönlichen Entwicklung des Klienten und hat ihren eigenen Zeitpunkt, gelöst zu werden. Die Lösung setzt voraus, dass der damit verbundene Lernprozess abgeschlossen ist.

> Es ist wie mit den verwunschenen Figuren im Märchen: Sie alle werden zur gegebenen Zeit erlöst.

Erst dann, und nur dann, kann es zu einer guten Lösung kommen. Sehr oft fällt es schwer, eine einst übernommene Verantwortung zurückzugeben, um endlich frei zu sein für das eigene Leben. Wer es gewohnt ist, immer für andere zu tragen, macht sich diese Verhaltensweise zum Inhalt seines Lebens. Es fühlt sich dann plötzlich leer und inhaltslos an, keine Belastungen mehr zu tragen und sich nun den eigenen Bedürfnissen im Leben zuwenden zu können. Zunächst wäre da die Frage: Was sind überhaupt meine eigenen Bedürfnisse? In einem solchen Fall wäre eine Begleitung nach der Aufstellung hilfreich, die dabei behilflich sein könnte, in der neu gewonnenen Freiheit eigene Lebensinhalte zu finden. Solange der übernommene Zorn meiner Großmutter auf die Männer mir noch dabei hilft, mich selbst nicht auf eine partnerschaftliche Beziehung einlassen zu müssen, werde ich dieses Gefühl nicht zurückgeben wollen.

Frühere Leben als Blockade in der Aufstellung

Ich habe manche Herkunftsaufstellung abbrechen müssen, weil wir auf ein Thema gestoßen waren, das sich trotz aller Bemühungen nicht lösen ließ. Oft ging es dabei um Blockaden aus früheren Leben, die zuerst gelöst werden mussten (siehe Fall Nr. 10). Erst danach konnte die Ordnung im Familiensystem wiederhergestellt werden. Obwohl ich mit Bildern aus früheren Leben arbeite, gelingt es mir nicht immer, diese karmischen Verstrickungen selbst zu lösen, insbesondere dann, wenn es sich um ein sehr komplexes Thema handelt. Es hat sich in solchen Fällen bewährt, dem Thema einen eigenen Raum durch Reading oder Rückführung zu geben.

Eine Teillösung als gute Lösung

Sehr oft gibt es die illusorische Vorstellung, man stellt einmal seine Herkunftsfamilie auf, und schon müssen alle Verstrickungen gelöst und die Eltern liebevoll ins Herz genommen sein. Dazu braucht es jedoch viel Vorarbeit. Es sind nicht alle Themen in uns gleichermaßen und zum gleichen Zeitpunkt bereit, gelöst zu werden. Eine Aufstellung, die in mehreren Einheiten schrittweise hintereinander durchgeführt wird, ist dann eine gute Alternative. Man kann beispielsweise die Familie der mütterlichen Seite gut lösen, während die Vaterseite noch nicht bereit ist.

Es kann nur das gelöst werden, was uns die Seele zeigt

Ich erlebe immer wieder, dass sich das ursprüngliche Thema einer Aufstellung unerwartet in ein anderes wandeln kann. Das hat damit zu tun, dass jede Aufstellung ein Abbild unseres Unterbewusstseins darstellt. Wenn Bert Hellinger von den »Bewegungen der Seele« spricht, so ist das der beste Ausdruck für das, was sich bei einer Aufstellung zeigt. Wir sind oft kopfgesteuert und peilen ein bestimmtes Wunschergebnis für unser Leben an, unbewusst beschäftigen uns jedoch ganz andere Themen, die zuerst gelöst werden wollen. Wenn wir uns diesen Seelenbildern vertrauensvoll hingeben, können sie uns zu einer unerwarteten Lösung führen. Es mag vielleicht nicht genau dem entsprechen, was wir uns zuerst vorgestellt haben, aber es könnte der nächste Schritt sein, der uns zur Lösung unseres Problems führt. Oft zeigt sich in einer Aufstellung ein einziges Thema wie z. B. Mord, Vergewaltigung, Kriegstrauma, Flucht aus der Heimat oder schwere Armut, das sowohl für das Ahnensystem als auch für den Klienten derart belastend ist, dass es sich in den Mittelpunkt der Aufstellung rückt, um zuerst gelöst zu werden.

Seelenbilder lassen sich nicht mit dem Verstand erfassen

Nicht alle Bilder einer Aufstellung können mit dem Verstand sofort zugeordnet werden. Ich habe schon Rückmeldungen erhalten, nach denen sich Szenen, so wie ich sie bei einer Aufstellung wahrgenommen hatte, nicht ganz mit der Wirklichkeit deckten. Es hat sich für mich gezeigt, dass es im Nachhinein oft Sinn ergibt, wenn sich ein Ereignis aus der Vergangenheit während einer Aufstellung auf ganz bestimmte Weise zeigt. Bilder aus früheren Leben können sich mit jenen aus unserem heutigen überlappen, weil wir ähnliche Erfahrungen schon in verschiedenen Inkarnationen erlebt haben. Ein andermal ist es eine symbolische Darstellung, die erst entschlüsselt werden muss, ähnlich einem Traumbild. Wir können deshalb das Seelenbild einer Aufstellung nicht einfach mit den tatsächlichen Ereignissen, so, wie sie in Wirklichkeit geschehen sind, gleichsetzen, denn das Aufstellungsbild ist viel mehr als das, was unser Verstand zu begreifen sucht.

> Erst im Annehmen
> der Persönlichkeitsanteile unserer Eltern
> können wir unser eigenes Potenzial
> voll und ganz entwickeln.

Die Eltern in unser Herz nehmen

Eines der schönsten und wünschenswertesten Lösungsbilder ist es, wenn ein Klient im Schlussbild seine Eltern umarmen und sie in sein Herz nehmen kann. Es ist nicht nur die Basis für das gute Gelingen all unserer Beziehungen, sondern wir umarmen uns dabei quasi selbst. Wir sind unsere Eltern! Das heißt, wir tragen ihre Persönlichkeitsanteile in uns.

Das Annehmen der Eltern während bzw. am Ende einer Aufstellung ist nicht ganz so einfach, besonders dann, wenn Verletzungen aus der Kindheit noch nicht aufgearbeitet worden sind. Voraussetzung für das Annehmen der Eltern ist die Heilung des Inneren Kindes. Diese Heilarbeit führt uns weg von der Anklage, hin zur eigenverantwortlichen Selbstliebe (siehe »Das Kind in uns«). Wenn es uns gelingt, auch die schlimmsten Dinge, die uns, als wir noch Kinder waren, angetan wurden, zu heilen und aufzuarbeiten, wird es uns auch möglich sein, uns in Demut vor unseren Eltern zu verneigen, weil wir wissen, dass auch sie irgendwann einmal Opfer gewesen sind und »nicht anders konnten« als sich so und nicht anders zu verhalten. Wir können unsere Eltern nur so annehmen, wie sie sind, als Ganzes, ohne Wenn und Aber. Wir können uns dabei nicht die Rosinen herauspicken, sondern müssen auch jene Persönlichkeitsanteile anerkennen, die wir an uns selbst ablehnen oder gar verdrängen wollen. Eine Haltung nach dem Motto »Mama, so wie du werde ich nie«, führt unweigerlich dazu, dass man eben doch »so« wird, weil man sich mit den jeweiligen Schattenanteilen nicht bewusst auseinandersetzt, sondern diese immer nach außen, auf andere Personen, projiziert. Was ich selber nicht sein will, erlebe ich dann in meinem Umfeld als Spiegel (siehe »Schattenanteile« im Glossar).

In vielen Fällen sind mit den Dingen, die man an seinen Eltern vehement ablehnt, auch karmische Verstrickungen aus früheren Leben zu lösen, bevor wir sie in unser Herz nehmen können. Die Arbeit mit den verdrängten Anteilen unserer Eltern in uns, ist ein Prozess, der dem Häuten einer Zwiebel gleicht, also viele Ebenen in sich birgt. Dies lässt sich mit einer einzigen Aufstellung kaum bewältigen. Aber auch hier liegt eine gute Lösung darin, die Eltern immer ein Stück mehr im eigenen Inneren zu integrieren.

Die Komplexität eines Lösungsbildes

Abgesehen von vielen anderen Themen wünschen sich die meisten meiner Klienten für ihr Leben: eine erfüllte Partnerschaft und Familie, beruflichen Erfolg und einen gewissen Wohlstand. Das sind sehr komplexe Ziele, die sich selten in einer einzigen Aufstellung oder ohne Zuhilfenahme anderer Therapiemethoden verwirklichen lassen. Die Aufstellungsarbeit bildet die Grundlage zur Bearbeitung all diese Themen. In der »Integrativen Familienaufstellung« nehme ich negative Glaubenssätze, Verletzungen des Inneren Kindes und karmische Belastungen mit ins Bild, um zu einer umfassenden Lösung zu gelangen.

Die Wirkung eines Lösungsbildes

Eine immer wieder gestellte Frage ist, wie und wann sich die Auswirkung des in der Aufstellung erarbeiteten Lösungsbildes im Leben zeigen wird. Bei vielen meiner Aufstellungen zeigt sich die Wirkung sofort.

Beispiel:
Irmgard will schon seit Längerem ihr Haus verkaufen, es gelingt ihr jedoch nicht. Sie macht bei mir eine Gruppen-

aufstellung und löst die damit verbundenen Blockaden auf. Als sie nach Hause kommt, klingelt schon beim Türöffnen das Telefon – und sie hat einen Käufer für ihr Haus gefunden. Größtenteils habe ich sehr schöne Rückmeldungen erhalten, wie schnell sich Verhaltensmuster innerhalb einer Familie verändern können, Nähe und Liebe auf einmal möglich sind oder eine auf Eis gelegte Kommunikation plötzlich wieder zu fließen beginnt.

Wenn ein Lösungsbild im Leben nicht spürbar wird, also keine direkten Auswirkungen zu erkennen sind, ist der Klient entweder noch nicht bereit dafür, oder es fehlt noch ein entscheidender Schritt zur guten Lösung. Im Rahmen einer Nachbesprechung lässt sich meist erkennen, was man noch braucht, um an das gewünschte Ziel zu gelangen. Komplexe Themen können nur in kleinen Schritten, wie beim Häuten einer Zwiebel, gelöst werden. Manchmal reicht die Aufstellungsarbeit allein aus, ein andermal sind noch andere hilfreiche Methoden zur Aufarbeitung der Blockaden erforderlich. Als gute Ergänzung zur Aufstellung hat sich das »kinesiologische Entkoppeln« von Kindheitsverletzungen oder traumatischen Erlebnissen aus früheren Leben bewährt. Auch ein Reading kann durch Lesen des körpereigenen Energiefeldes ursächliche Blockaden aus diesem und aus früheren Leben lösen. Es gibt viele ergänzende Möglichkeiten, ein Thema in seiner ganzen Komplexität zu heilen. Erst die Summe vieler Dinge bildet ein Ganzes! Ich arbeite daher sehr gerne in einem Netzwerk von Therapeuten, Psychologen und Energetikern. In der Zusammenarbeit lassen sich vielschichtige Themen besser lösen als im Alleingang. Wenn auch das gesamte Wunschergebnis nicht immer gleich realisierbar ist, so werden Teillösungen in ihrer Wirkung für den Aufsteller immer spürbar.

Denn es muss von Herzen gehen,
was auf Herzen wirken soll.

Johann Wolfgang von Goethe, Faust II

FRAGEN UND ANTWORTEN

Welche Aufstellungsform ist besser?

Einerseits hängt es vom Thema ab, das man aufstellen möchte, andererseits ist es eine individuelle Vorliebe, in welcher Form jemand arbeiten möchte. Zum Erfolg können alle drei nachfolgend aufgeführten Methoden gleichermaßen führen. Es zeigt sich im Vorgespräch, welche Aufstellungsform den Wünschen und Anforderungen des Aufstellers am besten entspricht.

Gruppenaufstellung

Die Vorteile einer Gruppenaufstellung liegen darin, dass man die Darsteller und ihre Beziehung zueinander direkt erleben kann. Sämtliche Teilnehmer können ihre Gefühle nonverbal äußern. Wichtige Stellvertreter – wie z. B. die Eltern, Großeltern oder Geschwister – können zum Zeichen der Zugehörigkeit und Anteilnahme vom Darsteller des Klienten oder am Schluss vom ihm selbst umarmt werden. Es kann emotional sehr berührend und heilend sein, sich diesem Gruppenprozess hinzugeben.

Einzelaufstellung

Die Einzelarbeit hat stark zugenommen. Immer mehr Personen nehmen sie in Anspruch, vor allem jene, die sich mit ihren Problemen nicht so gerne in der Gruppe zeigen wollen. Da es keine anderen Darsteller bzw. Stellvertreter gibt, fühle ich mich selbst in die verschiedenen Positionen ein, um wahrzunehmen, mit wem mein Klient verstrickt ist. Die Situation bzw. Sicht eines Familienangehörigen selbst wahrzunehmen, führt bei mir zu einem größeren Verständnis. Der Vorteil in der Aufstellung mit Klötzchen liegt darin, dass man von einer Metaebene aus die ganze Gruppendynamik erfasst. So behalte ich auch beim Aufstellen mehrerer Darsteller noch eine gute Übersicht. Auch beim Einfühlen in Kissen oder Klötzchen, die eine bestimmte Person repräsentieren, können beim Klienten Gefühle ins Fließen kommen, die seine Anteilnahme an schweren Schicksalen zum Ausdruck bringen. Alle wichtigen Personen, mit denen der Aufsteller verstrickt ist, werden durch Lösungssätze ins Bild genommen.

Fernaufstellung

Diese von mir neu entwickelte Methode verwende ich sehr oft. Sie ist für den Aufsteller sehr bequem und zeitsparend, da er diese von zu Hause aus tätigen kann. Auch für Kurzaufstellungen bei dringenden Themen hat sich diese Methode sehr bewährt. Ich arbeite dabei alleine und verwende Klötzchen oder schaue auch ohne jegliches Medium geistig in die Situation hinein, um mir ein Bild zu verschaffen. Ich wende dann, wie bei jeder Aufstellung, die notwendigen Lösungssätze an.

Welche Daten muss ich für die Aufstellung zur Verfügung stellen?

Wenn Sie an einer Fernaufstellung interessiert sind, dann senden Sie mir bitte Ihr Anliegen in Kurzform per E-Mail oder – wenn es Ihnen nicht anders möglich ist – per Post mit Ihrer Anschrift und Telefonnummer.

Ein persönliches Gespräch ist vorab nicht unbedingt notwendig! Ich teste erst einmal aus, ob ich Ihnen helfen kann. Wenn ja, werde ich Sie eventuell um weitere Daten ersuchen. Wir besprechen dann nach der Fernaufstellung alles persönlich am Telefon.

Ich bin adoptiert und/oder habe keine Informationen über meine leibliche Ursprungsfamilie. Kann ich trotzdem eine Aufstellung machen?

Ich habe schon für viele Menschen aufgestellt, die adoptiert wurden (siehe Fall Nr. 8). Im Aufstellungsbild selbst zeigen sich die Verstrickungen, auch wenn man keine Vorinformation mitbringt. Außerdem teste ich viele Belastungen kinesiologisch aus. Alles weiß man auch als Nicht-Adoptierter über seine Ahnen ohnehin nicht, Familiengeheimnisse zeigen sich in jeder dritten bis vierten Aufstellung.

Ist meine Anonymität innerhalb einer Aufstellung gewährleistet?

Als ausgebildete Lebens- und Sozialberaterin bin ich an meine berufliche Schweigepflicht gebunden. In einer Gruppenaufstellung wird man nur mit Vornamen vorgestellt. Im Sinne aller Teilnehmer wird vor Aufstellungsbeginn ein Kodex vereinbart, dass nichts von dem, was während der Aufstellung passiert, nach außen getragen werden darf. Aus meiner Erfahrung kann ich sagen, dass sich die Teilnehmer sehr strikt an diese Vereinbarung halten. Im Rahmen der Einzel- und Fernaufstellung gibt es keine fremden Darsteller, Sie kommunizieren nur mit mir als Beraterin.

Genügt es, Lösungssätze einmal auszusprechen, oder muss ich sie mehrmals wiederholen?

Meistens ist es ausreichend, Lösungssätze einmal auszusprechen, um die erwünschte Wirkung zu erzielen. Bei sehr hartnäckigen Verstrickungen hat es sich bewährt, Lösungssätze mehrmals zu wiederholen, um sie gut zu verankern.

Darf nach einer Aufstellung über diese gesprochen werden, oder schränkt das deren Wirkung ein?

Es ist besser, ein paar Tage lang nicht über die Aufstellung zu sprechen, weil die Gefahr besteht, dass man diese zerredet. Das Lösungsbild sollte erst gut integriert sein, bevor man darüber spricht. Wenn man versucht, das Geschehene mit dem Kopf Schritt für Schritt nachzuvollziehen, bewegt man sich vom Lösungsbild weg. Am besten ist es, loszulassen und die Wirkung abzuwarten. Letztlich kann ich aber sagen: Die Aufstellung wirkt in jedem Fall, ganz egal, ob man darüber spricht oder nicht. Wenn es zur Aufarbeitung notwendig ist, darüber zu sprechen, dann am besten mit dem Leiter der Aufstellung.

Braucht man nach einer Aufstellung eine Nachbetreuung?

Es ist für beide Seiten sehr wertvoll, eine telefonische Nachbesprechung zu machen. Für mich als Leiterin ist es wichtig zu erfahren, ob die Aufstellung die gewünschte Wirkung gezeigt hat. Wenn dem nicht so ist, kann ich nachtesten, ob es noch etwas zu lösen gibt. Manchmal zeigen sich nach einer Aufstellung neue Fragen und Aspekte, die noch bearbeitet werden müssen. Eine Weiterbetreuung kann sehr wichtig sein, vor allem, wenn der Klient gestärkt von alten Lebensstrukturen in neue finden will oder wenn das, was bei der Aufstellung zutage gekommen ist, für ihn derart schwer zu verarbeiten ist, dass er womöglich in eine Krise stürzen könnte. Im letzteren Fall wäre es regelrecht fahrlässig, ihn mit alldem alleinzulassen. Deshalb bitte ich meine Klienten immer um eine Rückmeldung.

Wie oft darf man seine Familie aufstellen?

Manche Kollegen vertreten die Ansicht, dass man die Ursprungsfamilie nur einmal aufstellen sollte. Davon halte ich wenig, denn mit nur einer einzigen Aufstellung kann man selten das gesamte Familiensystem erfassen. Das Auflösen der einzelnen Themen innerhalb der verschiedenen Familienzweige bzw. Ahnenreihen hat seinen eigenen Zeitpunkt. Nur wenn das Thema in uns reif ist, kann es gelöst werden. Daher ergeben sich während einer Aufstellung zu verschiedenen Zeiten unterschiedliche Aspekte zum gleichen Thema.

Zeigen sich in jeder Aufstellung frühere Leben?

Die Bilder der Aufstellung selbst geben Auskunft darüber, ob es notwendig ist, frühere Leben mit einzubeziehen oder nicht. Es geschieht meist unerwartet. Ungefähr zwei Drittel meiner Aufstellungen sind verbunden mit Themen aus vergangenen Leben.

Kann ich mit den Bildern aus früheren Leben arbeiten, wenn ich selbst nicht daran glaube, schon einmal gelebt zu haben?

Viele meiner Klienten sind nicht vorbereitet auf Bilder aus früheren Leben. Wenn diese sich zeigen, sind sie meist überrascht. Einige haben sich nie Gedanken darüber gemacht, ob sie früher schon einmal gelebt haben. Als ich einmal einen Klienten gefragt habe, ob er an frühere Leben glaubt, hat er geantwortet: »Ein schöner Gedanke, dass es nach dem Tod weitergeht.« Auch Menschen, die nicht an frühere Leben glauben, können sich gut auf die Bilder einlassen, die ich sehe. Wahrscheinlich liegt es daran, dass sie zu dem, was ich ihnen mitteile, eine Resonanz in sich spüren. Es reicht aber durchaus, sich auf die notwendigen Lösungssätze einzulassen, damit diese gut wirken können.

Die Liebe ist
der Endzweck der Weltgeschichte,
das Amen des Universums.

Novalis, Fragmente

NACHWORT

Alle, die schon einmal eine Familienaufstellung miterlebt haben, werden mir beipflichten, wenn ich sage, dass man diesen Prozess nur begrenzt in Worte fassen kann. Tränen, wenn die Liebe wieder fließen darf, Freude, das erste Mal im Leben seine Eltern voll und ganz ins Herz nehmen oder endlich den eigenen Platz im Leben einnehmen zu können – all das sind bewegende Momente, die in einer Aufstellung erfahrbar werden. Ich habe gesehen, dass viele Menschen ihre Träume und Visionen durch das Lösen von Verstrickungen und negativen Glaubensmustern verwirklichen konnten. Solche Erfahrungen zu teilen, ist mein höchster Lohn und gibt mir viel Kraft für meine Arbeit. Ich hoffe, dass ich Sie über meine Erkenntnisse der letzten Jahre wieder neu inspirieren konnte! Falls Sie Berater, Therapeut oder Psychologe sind, dann freue ich mich, Ihre Arbeit mit meinen Methoden bereichern zu dürfen.

GLOSSAR

Abgespaltene Anteile: Persönlichkeitsanteile, die nicht im Ich integriert sind

Ahnen: weibliche oder männliche Vorfahren

Aufsteller: Klient, um dessen Thema es in der Aufstellung geht.

Buddhismus: eine von Buddha begründete indisch-ostasiatische Heilslehre. Ein zentraler Aspekt der Lehre ist u. a. das Karma, die positiven oder negativen Auswirkungen allen Handelns in diesem oder einem zukünftigen Leben als Ursache der Wiedergeburt.

Chakra: feinstoffliches Energiezentrum im menschlichen Körper

Channeling: Empfang und Weitergabe von Botschaften aus der geistigen Welt, die dadurch zustande kommt, dass man sich als Medium (Kanal) zur Verfügung stellt

Demut: sich vor Größerem verbeugen, beispielsweise vor Gott oder vor schweren Schicksalen unserer Ahnen

Dynamik: Teilgebiet der Mechanik, Lehre vom Einfluss der Kräfte auf die Bewegungen von Körpern. Im übertragenen Sinn wird der Begriff auch im nicht-mechanischen Bereich gebraucht, z. B. »Eigendynamik«, »Gruppendynamik« etc.

Identität: die als »Selbst« erlebte innere Einheit der Person

Emotion: Gemütsbewegung

Energetik: philosophische Lehre, die Energie als Wesen und Grundkraft aller Dinge ansieht

Familiengenogramm: Zusammenstellung der Ahnenreihe mütterlicher- und väterlicherseits in bis zu fünf Generationen. Dazu gehören: ich selbst und meine Geschwister (damit sind immer Lebende und Tote, auch z. B. die durch Abtreibungen, Tot- oder Fehlgeburten, gemeint), meine Eltern und deren Geschwister, meine Großeltern und deren Geschwister und meine Urgroßeltern und deren Geschwister, evtl. auch noch meine Ururgroßeltern. Weiter gehören dazu: Partner aus erster Ehe, Verlobte und evtl. eine erste große Liebe meiner Ahnen.

Feng-Shui: die Kunst und Wissenschaft vom Leben in Harmonie mit der Umgebung

Gegenwartsfamilie: zur Gegenwartsfamilie gehören der Aufsteller selbst, sein Partner, gemeinsame Kinder, Partner aus erster Ehe und Kinder aus dieser Verbindung, Verlobte, eventuell die erste große Liebe.

Gelübde: ein gegenüber Gott bzw. entsprechende Stellvertreter abgelegtes, streng verpflichtendes Versprechen

Herkunfts- oder Ursprungsfamilie: Abstammung. Wer in der Familienaufstellung zur Herkunfts- oder Ursprungsfamilie gehört, siehe Familiengenogramm.

Hinduismus: überwiegend in Indien verbreitete Religion. Eine Kernlehre des H. ist, dass die Handlungen des Menschen in der Welt das Karma bewirken und entsprechende Inkarnationen zur Folge haben.

Identifikation: In der Familienaufstellung bedeutet dies, dass man einen Ahnen »vertritt«, an ihn erinnert, seine Glaubensmuster und Gefühle übernimmt bzw. ausagiert.

Inkarnation: »Fleischwerdung«. Geist und Seele »nehmen« menschliche Gestalt an, »nehmen Wohnung« in einem menschlichen Körper.

Integration, integrativ: Wiederherstellung, Vervollständigung, Hereinnehmen abgespaltener Seelenanteile in die Persönlichkeit zur Heilung und Ganzwerdung

Intuition: Einfälle, Eingebungen und Wahrnehmungen, die nicht durch verstandesmäßige Überlegungen erzielt werden

Karma: das Gesetz von Ursache und Wirkung: Was man sät, erntet man. Die Hindus sind davon überzeugt, dass die gegenwärtigen Lebensumstände eines Menschen Folge seiner Taten in früheren Leben sind.

Kinesiologisch: Kinesiologie ist die Wissenschaft von der Bewegung des Menschen im weitesten Sinn. Angewandte K. befasst sich mit Muskeln und stellt eine Verbindung zum energetischen System der chinesischen Akupunkturlehre dar.

Kodex: in der Familienaufstellung eine von der Gruppe getroffene Vereinbarung. Meist geht es darum, dass von den Aufstellungen nichts nach außen getragen wird.

Kollektive Schuld: Schuld einer ganzen Generation, eines gesamten Volkes, einer Organiasation oder Gruppe von Menschen, die im Kollektiv zusammenleben, und in der die Persönlichkeit des Einzelnen daher von untergeordneter Bedeutung ist

Mandala: Wort aus dem Sanskrit für Kreis. Im Hinduismus und teilweise im Buddhismus steht es für ein Sinnbild des Universums, das als Meditationshilfe benutzt wird. Die als Symbol der Ganzheit und Einheit oder als Darstellung der Sonne gedeuteten Mandalas sind mit Toren, die zum inneren Allerheiligsten führen, zu vergleichen.

Magie, magisch, schwarz-magisch, weiß-magisch: Methode zur Beherrschung von Geistern und Naturkräften durch geheimnisvolle Mittel oder symbolische Handlungen. »Schwarz« und »Weiß« stehen jeweils für böse/teuflische oder gute/göttliche Mächte.

Medium: ein Mittler, der Nachrichten von nicht körperlichen Wesen, z. B. von Geistern oder Verstorbenen, wahrnehmen und wiedergeben kann oder auch Gegenstände, die als Projektionsfläche von Informationen und Bildern dienen

Metaebene: eine übergeordnete Ebene oder Sichtweise, die eine Distanz in der Betrachtung schafft

Mentalkörper: mental = geistig. Unser physischer Körper ist von mehreren feinstofflichen Körpern umgeben, einer davon ist unser Mentalkörper; er beinhaltet alle geistigen Inhalte unseres Lebens, u. a. auch Glaubenssätze aus diesem Leben oder solche, die wir aus früheren Leben mitgebracht haben.

Polarität: Vorhandensein zweier Pole, Gegensätzlichkeit; in der Reinkarnationstherapie häufig verwendeter Begriff, der dabei helfen soll, das Vorhandensein von Täter-Opferrollen, Gut und Böse, Licht und Schatten, Liebe und Hass zu akzeptieren

Projektion, projizieren: übertragen, hineinverlegen; Abwehrmechanismus, mit dem ungeliebte, verbotene oder unerwünschte Vorstellungen, Bedürfnisse, Wünsche und Gefühle unbewusst in andere Personen verlagert werden, um sie dort ablehnen und bekämpfen zu können

Psychologie: Wissenschaft von den seelischen Vorgängen

Reading: Lesen von Bildern und Informationen aus dem körpereigenen Energiefeld

Reinkarnation: Wiederfleischwerdung, Wiedergeburt, Wiederverkörperung der Seele nach dem Tode in einem anderen physischen Körper

Rückführung: geistiges Rückführen in die Kindheit oder in ein früheres Leben

Schattenanteile: verdrängte Persönlichkeitsanteile, die unge-
liebt sind

Seele: Der Begriff wird abhängig vom Kontext in verschiedenen Bedeutungen verwendet. In der Philosophie versteht
man unter Seele das Leben spendende, geistige Prinzip,
in der Psychologie die begriffliche Zusammenfassung von
Erleben, Fühlen und Verhalten des Menschen, und in der
Religion wird unter Seele die im Gegensatz zum Körper
unsterbliche Wesenheit verstanden.

Seelenwanderung: der Glaube, dass die menschliche Seele
nach dem Tod des Leibes in einen anderen Menschen- oder
Tierleib übergeht, bis zur vollständigen Seelenläuterung

somatisch: körperlich

Systemisch: Ein System ist eine Ordnung, die nach bestimmten
Kriterien organisiert oder aufgebaut wird. In der Familienaufstellung geht man davon aus, dass Familienmitglieder
nach bestimmten Gesetzmäßigkeiten bzw. Systemen miteinander verbunden sind. Jede Störung des Systems hat negative Auswirkungen.

Therapeut: ein Anwender therapeutischer Verfahren

Transformation: Umwandlung, Umformung

Trauma: seelischer oder körperlicher Schock, schwere seeli-
sche oder körperliche Erschütterung

Unbewusst: Verschiedene Erfahrungen oder Erlebnisse sind unbewusst in uns gespeichert und daher unserem Bewusstsein nicht oder nur schwer zugänglich. Wenn wir träumen, sind wir stark an unser Unbewusstes angeschlossen.

Ursprungsfamilie: siehe Herkunftsfamilie

Wassermannzeitalter: astronomische Epoche. Sie wird oft als Neubeginn in der spirituellen Evolution des Menschen angesehen.

LITERATURVERZEICHNIS

Arminger, Margret: *Das innere Kind.* München 1993

Austermann Alfred und Bettina: *Das Drama im Mutterleib- Der verlorene Zwilling,* Berlin 2013

Bradshaw, John: *Das Kind in uns.* München 2000

Chopich, Erik J.: *Aussöhnung mit dem inneren Kind.* Berlin 1999

Detlefsen, Thorwald; Dahlke, Rüdiger: *Krankheit als Weg.* Rheda-Wiedenbrück 1983

ders.: *Schicksal als Chance.* München 1979

ders.: *Das Erlebnis der Wiedergeburt.* München 1976

Drury, Nevill: *Lexikon des esoterischen Wissens.* Darmstadt 2005

Furman Ben: *Es ist nie zu spät, eine glückliche Kindheit zu haben.* Dortmund 2013

Gibran, Khalil: *Der Prophet.* Düsseldorf 1991

Grochowiak, Klaus; Stresius, Katharina; Castella, Joachim: *NLP und das Familien-Stellen.* Paderborn 2001

Harenberg: Lexikon der Sprichwörter und Zitate. Mannheim 2002

Harris, Amy Bjork; Harris, Thomas Anthony: *Einmal o.k. – immer o.k.* Reinbek bei Hamburg 1985

Hellinger, Bert: *Ordnungen der Liebe.* Heidelberg 1995

ders.: *Finden, was wirkt.* München 1993

ders.: *Entlassen werden wir vollendet.* München 2001

ders.: *Die Quelle braucht nicht nach dem Weg zu fragen.* Heidelberg 2001

Jasmuheen: *In Resonanz.* Burgrain 1998

Kenyon, Tom; Sion, Judi: *Das Manuskript der Magdalena.* Burgrain 2002

Kinslow Frank: *Suche nichts – finde alles.* Kirchzarten 2011

Krystal, Phyllis: *Die Fesseln des Karma sprengen.* Berlin 2004

Magli, Ida: *Die Madonna.* München 1987

Mayer, Norbert J.: *Der Kainkomplex.* Bern 1998

Mehringer-Sell, Erika Isolde: *Mama, glaub mir, ich habe schon einmal gelebt.* Darmstadt 1997

Meyer, Hermann: *Die Gesetze des Schicksals.* München 1992

ders.: *Jeder bekommt den Partner, den er verdient.*
München 1997

Michel, Peter: *Karma und Gnade.* Grafing 2002

Newton, Michael: *Die Abenteuer der Seelen.* Wettswill 2001

Roberts, Jane: I*ndividuum und Massenschicksal.* München 1981

Rogoll, Rüdiger: *Nimm dich wie du bist.*
Freiburg im Breisgau 1999

Satir, Virginia; Banmen, John; Gerber, Jane; Gomori, Maria:
Das Satir-Modell. Paderborn 2000

Schäfer, Thomas: *Was die Seele krank macht und was sie heilt.*
München 1998

Starbird, Margaret: *Die Frau mit dem Alabasterkrug.*
Berlin 2005

Trutz, Hardo: *Das große Handbuch der Reinkarnation.*
Güllesheim 2003

Ulsamer, Bertold: *Ohne Wurzeln keine Flügel.*
München 1999

Wambach, Helen: *Leben vor dem Leben.* München 1986

Weber, Gunthard: *Zweierlei Glück*. Heidelberg 1997

Woolger, Roger: *Vergangene Leben heilen*. München 2006

Sie erreichen die Autorin unter:

Jasmin Schober-Howorka
St. Bartholomä 106
A-8113 St. Oswald
Tel.: 0043-664/1127514
E-Mail: jasmin@ich-bin.com
Termine und Videos unter: www.ich-bin.com

Anfragen zur Gruppen und Fernausbildung, Erstanalysen und anschließende Einzel oder Fernaufstellungen werden über E-Mail oder den Postweg entgegengenommen.

Erstanalyseformular siehe Homepage.